Das geheimnisvolle Leben der Tiere an Seen und Flüssen

CIP-Kurztitelaufnahme der Deutschen Bibliothek
Cuisin, Michel:
Das geheimnisvolle Leben der Tiere an Seen und Flüssen / Text: Michel Cuisin. Zeichn.: Carl Brenders. Dt. Bearb.: O. von Frisch. [Übers.: Sabine Hinkelbein]. – Esslingen: Schreiber; Wien: Österreichischer Bundesverlag.
Einheitssacht.: La vie secrète des bêtes dans les lacs et rivières <dt.>
ISBN 3-480-13194-8 (Schreiber)
ISBN 3-215-04116-2 (ÖBV)

NE: Brenders, Carl:; Frisch, Otto von [Bearb.]

Autor und Titel der französischen Ausgabe:
Michel Cuisin, La vie secrète des bêtes dans les lacs et rivières
Übersetzung: Sabine Hinkelbein
Umschlagentwurf: Creativ + Druck GmbH (Ulrich Kolb)

Satzherstellung: A–Z Fotosatz W. Grage, Filderstadt

Das geheimnisvolle Leben der Tiere an Seen und Flüssen

Text: Michel Cuisin
Deutsche Bearbeitung: Dr. O. von Frisch
Zeichnungen: Carl Brenders

Österreichischer Bundesverlag Wien

Das Teichhuhn

Das Teichhuhn, das in die Familie der Rallen gehört und mit dem schwarzen Bläßhuhn verwandt ist, kann sich ebenso geschickt am Lande wie auf dem Wasser bewegen. Manchmal sieht man es sogar entfernt vom Wasser auf Feldern oder in Gärten bei der Nahrungssuche. Aber sein eigentlicher Aufenthaltsort sind langsam fließende oder stehende Gewässer, und dorthin flüchtet es auch bei Gefahr. Auf kleinen Seen und Weihern verhält sich das Teichhuhn sehr scheu, auf den Teichen von Parkanlagen aber wird es fast zahm. Hier läßt es sich wie die Enten und Schwäne von Spaziergängern ohne große Scheu füttern.

Teichhühner sind Allesfresser. Sie nehmen pflanzliche Kost, Samen, Früchte und die jungen Blätter von Wasser- und Sumpfpflanzen. Daneben aber auch kleine Tiere wie Schnecken, Würmer, Spinnen, Insekten oder Kaulquappen.

Den Nestbau übernimmt das Männchen, während das Weibchen das Material dazu herbeischafft. Nach drei bis fünf Tagen ist das Nest fertig. Meist liegt es gut verborgen zwischen Uferpflanzen oder auf dem Wasser treibenden Zweigen. Es wird aus Teilen von Wasserpflanzen gebaut. Manchmal findet man es auch ein oder anderthalb Meter über dem Boden in einem dichten Busch.

Die Kücken sind Nestflüchter und können sehr bald nach dem Schlüpfen mit den Eltern laufen und schwimmen. Die ersten Tage bleiben sie aber noch im Nest und werden lange von den Eltern gefüttert. Die Jungen der ersten Brut im Jahr helfen ihren Eltern beim Füttern der zweiten Brut. Droht Gefahr, dann locken die Eltern die Kücken in den dichten Pflanzenwuchs der Uferregion.

Länge: 32 cm
Gewicht: 250-300 g
Brutzeit: 19-22 Tage
Lebenszeit: 9 Jahre (in der Natur)

Wenn das Teichhuhn noch nicht alle Eier gelegt hat, ist es nicht immer auf seinem Nest. Sehr oft finden dann Rabenkrähen das Gelege, hacken die Eier auf und fressen den Inhalt. Das Teichhuhn muß ein Nachgelege machen. Auch die Wanderratten, die an vielen Gewässern leben, sind eine Gefahr für die Eier.

Der Schnabel des Teichhuhns ist bis zur Stirn in Form einer Hornplatte verlängert. Die Spitze des Schnabels ist gelb, der übrige Schnabel rot gefärbt. Obwohl Teichhühner ausgezeichnet schwimmen können, haben sie keine Schwimmhäute zwischen den Zehen. Die unteren Schwanzfedern sind weiß gefärbt. Da der Schwanz meist etwas hochgehalten wird, ist dieses weiße Signal ein gutes Erkennungszeichen.

Zwischen Ende April und Ende Juli legt das Teichhuhn ein- oder zweimal 5-11 Eier. Das Daunenkleid der Kücken ist schwarz, nur am Kopf schimmert etwas rötliche Haut durch. Die jungen Teichhühner können schon in den ersten Lebenstagen ausgezeichnet laufen und schwimmen und bei Gefahr sogar unter Wasser tauchen.

Die Rallen sind keine guten Flieger. Nur in der Zugzeit bewältigen sie größere Strecken im Flug, sonst sieht man sie selten in der Luft.

Wenn sie vom Wasser auffliegen müssen, laufen sie zunächst eine Strecke über das Wasser, wobei sie heftig mit den Flügeln schlagen. Sehr oft schwingen sie sich dann gar nicht in die Luft, sondern lassen sich wieder auf die Wasseroberfläche zurückfallen.

Der Fischotter

Der Fischotter ist heute so selten geworden, daß er in den meisten europäischen Ländern bereits unter vollständigem Schutz steht. Früher wurde er viel gejagt. Sein Fell war als Pelz sehr begehrt. Aber noch mehr wurde der Otter als großer Fischräuber verdächtigt. Russische, englische und skandinavische Forscher fanden heraus, daß er am Tag nur etwa 1 bis 1½ kg Nahrung zu sich nimmt, und keineswegs nur Fisch. Die Nahrung des Otters ist sehr abwechslungsreich. Neben meist kleinen, kranken oder schwachen Fischen jagt er auch Säugetiere und Vögel, Frösche, Schlangen, Wasserinsekten und Muscheln. In einem Otterrevier findet man am Ufer Reste seiner Mahlzeiten.
Neben der direkten Bejagung des Otters hat vor allem die Wasserverschmutzung dazu beigetragen, daß diese Marderart so selten geworden ist. Der Otter hat sich dem Leben im Wasser vollständig angepaßt. Sein dichtes Fell schützt ihn vor Nässe und Kälte. Es besteht aus langen starken Haaren und einer dichten kürzeren Unterwolle, die wasserdicht ist. Wenn der Fischotter aus dem Wasser kommt, sehen die langen Haare wie Stacheln aus, weil sie zu Büscheln zusammengeklebt sind. Nachdem sich das Tier aber einmal geschüttelt hat, trocknen sie sehr schnell wieder ab. Der Schwanz des Otters ist lang und muskulös. Er dient als Steuer beim Schwimmen, während die Hinterpfoten wie Ruder das Tier vorantreiben.
Der Fischotter ist ein Nachttier, das erst im Schutz der Dämmerung seinen Bau verläßt.
In der Paarungszeit, im März etwa, gibt er pfeifende Laute von sich.

Länge: 65-77 cm (+ 39-43 cm Schwanz)
Gewicht: 6-16 kg
Lebenszeit: 15 Jahre in Gefangenschaft

Der Fischotter lebt in fließenden Gewässern, in Seen und sogar in Flußmündungen. Fische jagt und fängt er tauchend unter Wasser. Wenn er Beute gemacht hat, schwimmt er ans Ufer, um sie zu fressen. In dem meist dunkel gefärbten Kot des Otters, den er am Ufer absetzt, kann man Fischschuppen und Fischgräten erkennen.

Die langen Haare seitlich der Schnauze dienen als Tastorgane. Wenn der Fischotter taucht, kann er seine Ohren verschließen. Die Pfoten sind mit Schwimmhäuten versehen und hinterlassen etwa 7 cm lange Abdrücke im Schnee oder Schlamm. Der Otter hat 36 Zähne.

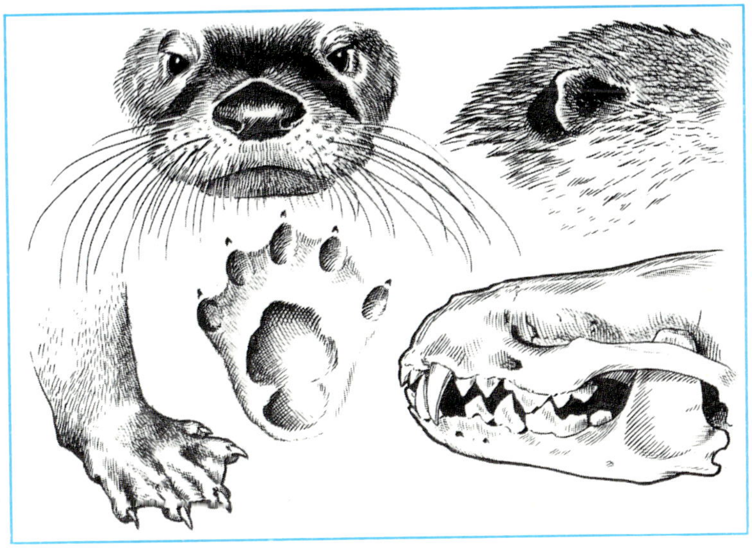

Die Jungen, meist zwei oder drei, werden in einem sicheren Unterschlupf geboren und aufgezogen. Der Bau des Otters kann in einem ausgehöhltem Baum oder im verlassenen Bau einer Bisamratte liegen. Pro Jahr gibt es nur einen Wurf. Die Jungen sind bei der Geburt blind; sie öffnen die Augen nach 35 Tagen und bleiben etwa 2 Monate im Bau.

Otter sind sehr verspielt und machen gerne Rutschpartien auf schlamm- oder schneebedeckten Uferböschungen. Dazu suchen sie sich recht steile und kahle Böschungen aus. Eine ganze Otterfamilie kann sich auf einer solchen Rutschbahn lange Zeit vergnügen. Ein Tier nach dem anderen läßt sich auf dem Bauch hinunterrutschen. Solche Rodelbahnen haben manchmal eine Länge von 3 Meter.

Die Libelle

Libellen sind räuberisch lebende Insekten, die Jagd auf andere fliegende Tiere machen. Sie lassen sich an Ufern von stehenden und langsam fließenden Gewässern beobachten. Mit Hilfe ihrer ausgezeichneten Augen, die aus etwa 10 000 Einzelaugen zusammengesetzt sind, erkennen sie ihre Beute auf 1,50 m Entfernung.

Libellen erreichen eine Geschwindigkeit von 25 km in der Stunde, wobei ihre Flügel bis zu 30 mal pro Sekunde schlagen. Die großen Libellenarten jagen häufig mehrere Kilometer vom Wasser entfernt. Nur zur Fortpflanzung müssen sie immer das Wasser aufsuchen. Sie legen ihre Eier an die Stengel von Wasserpflanzen, und die Larven der Libellen entwickeln sich im Wasser. Das Leben einer fertigen Libelle ist nicht sehr lange. Ein oder zwei Wochen dauert das Leben der Seejungfern, zwei oder drei Monate das der Teufelsnadeln. Die Larven allerdings können zwei Monate und sogar fünf Jahre im Wasser verbringen. Von Mai bis Oktober kann man die Libellen auf ihren Jagdflügen beobachten. Ab und zu setzen sie sich auf einen Schilfhalm oder ein Blatt und ruhen sich aus.

Bei schönem Wetter sind sie meist unermüdlich in der Luft. Die Männchen vieler Arten beanspruchen ein Gebiet für sich alleine und verjagen daraus alle Artgenossen. Bei den Libellen finden wir kein Puppenstadium wie etwa bei den Schmetterlingen oder den Käfern. Die Eier werden im Sommer gelegt, und die Larven schlüpfen im darauffolgenden Frühjahr. Beim Schlüpfen sind die Larven nur 2 bis 3 mm lang, aber schon sehr gefräßig. Sie ernähren sich von kleinen Wassertieren und verbringen die ganze Larvenzeit im Wasser. Dabei atmen sie mit Hilfe von Kiemen, die am Ende des Hinterleibes sitzen. Sie häuten sich während des Larvenstadiums bis zu zehnmal. Von der dritten oder fünften Häutung an lassen sich die Anlagen der Flügel erkennen. Die Libellen haben unter den Vögeln zahlreiche Feinde. So gehören sie z. B. zur Lieblingsnahrung der Baumfalken. Die graubraun gefärbten Larven, die sich meist am Grund des Gewässers aufhalten, werden von Wasservögeln wie der großen Rohrdommel und den Reihern gefangen.

Länge: 30-85 mm je nach Art
Lebenszeit: unterschiedlich

Die ausgewachsene Larve klettert an einem Pflanzenstiel aus dem Wasser. Ihr Körper ist ziemlich dunkel gefärbt. Durch Zusammenziehen der Muskulatur bricht die Haut auf der Brustseite auf. Langsam erscheint die Libelle.

Sobald die Beine aus der Puppenhülle herausgezogen sind, hängt die Libelle mit dem Oberkörper nach unten. Nun entfalten sich langsam die Flügel. Nach mehreren Stunden schließlich fliegt die Libelle zum ersten Mal.

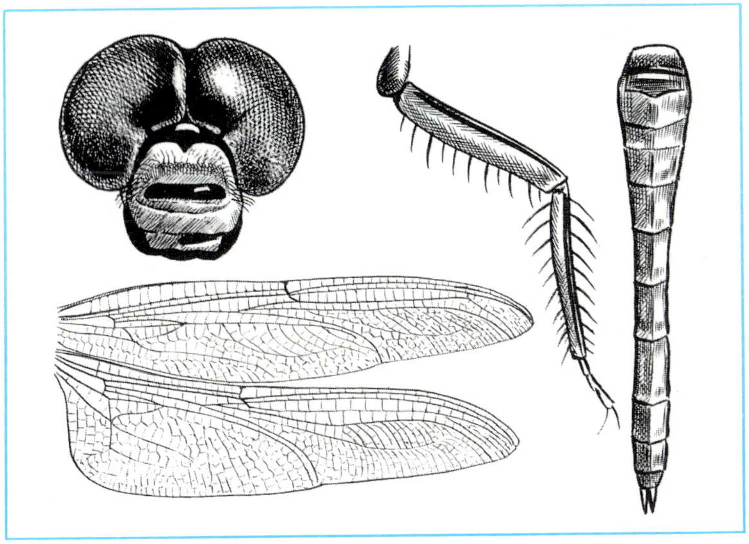

Zur Fortpflanzung packt das Männchen mit zwei Fortsätzen an seinem Hinterleib den Hals des Weibchens. Das Weibchen biegt sodann seinen Hinterleib nach vorne, um die Geschlechtsöffnung des Männchens zu erreichen. So fliegen dann beide Insekten einige Zeit miteinander. Dabei werden die Samenzellen an das Weibchen übergeben. Die befruchteten Eier legt das Weibchen unter Wasser ab.

Die Larven der Libellen haben am Kopf eine Fangmaske, die sich aus der Unterlippe bildet. Am Ende der Fangmaske sind zwei kleine Zangen, mit denen die Larve die Beute fassen kann. Blitzschnell wird die Fangmaske nach vorne ausgeklappt und bringt die gepackte Beute zum Mund. Die Libellenlarven sind äußerst gefräßig. Kleine Fische, Molch- und Froschlarven, Würmer und Wasserinsekten gehören zu ihrer Nahrung.

Je nach Art haben die Libellen einen sehr schlanken Körper, z.B. die Seejungfern und Schlankjungfern. Bei den Teufelsnadeln dagegen ist er breiter und kürzer. Mit den Beinen klammert sich die Libelle an den Pflanzen fest, und mit den Beinen ergreift sie auch die Beute. Am Kopf sind die beiden großen Facettenaugen zu erkennen.

Der Hecht

Schon in der frühesten Jugend, noch kaum 5 cm lang, jagt der Hecht andere kleine Fische. Wenn er erst herangewachsen ist, verschluckt er Beutetiere von 20 bis 30 cm Länge. Sein Verdauungsapparat arbeitet schnell. Der Kopf eines Beutefisches kann von den Magensäften bereits angedaut werden, wenn der Schwanz noch im Rachen des Hechtes zu sehen ist. Der Hecht wächst nicht gleichmäßig heran. Wie schnell er wächst, hängt vom Nahrungsangebot ab. Oft gibt es große Unterschiede zwischen den einzelnen Tieren der gleichen Altersstufe. Die am stärksten entwickelten Hechte, die viel Beute machen konnten, sind 2 ½mal so groß wie ihre gleichaltrigen Artgenossen, für die das Nahrungsangebot nicht so reich gewesen ist. Alte ausgewachsene Hechte können eine Größe von über einem Meter erreichen. In den Flüssen und Seen ernährt sich der Hecht vor allem von kranken und schwachen Fischen und sorgt dafür, daß bestimmte Arten nicht überhand nehmen. Große Hechte jagen alle möglichen Beutetiere, obwohl Fische zur Hauptnahrung gehören. Von den Fischen sind es vor allem Brassen, Gründlinge, Schmerlen, Rotfedern und Rotaugen, Kaulköpfe und Barsche. Daneben schnappt der Hecht aber auch Frösche, kleine Wassernagetiere und die Jungen von Enten und Tauchern. Nur die winzigen Junghechte nehmen neben der ebenfalls kleinen Brut anderer Fische auch Wasserinsekten und deren Larven. Meist steht der Hecht bewegungslos zwischen Wasserpflanzen und lauert auf Beute. Kommt ein Fisch in seine Nähe, schießt der Hecht vor und packt ihn mit seinem Maul.

Länge: Männchen bis zu 1 m; Weibchen größer
Gewicht: Männchen 8 kg; Weibchen schwerer
Lebenszeit: Männchen 10 bis 14 Jahre
Weibchen bis zu 33 Jahre

Der Hecht lauert auf seine Beute. Unbeweglich steht er zwischen den Wasserpflanzen und wartet auf das Vorbeiziehen eines Fischschwarms oder eines einzelnen Fisches. Mit einem mächtigen Schlag seines Schwanzes schießt er dann hervor und packt mit seinem breiten Maul zu. Hat er die Beute an der Seite oder am Schwanz erwischt, so rückt er sie im Maul so lange zurecht, bis er sie kopfvoran verschlingen kann. Der Hecht nimmt seine Beute mit den Augen wahr, aber auch seine Tastsinnesorgane signalisieren ihm jede Bewegung im Wasser.

Die Rückenflosse ist beim Hecht sehr weit nach hinten verlagert. Das breite, mit Zähnen dicht besetzte Maul ist ein sicheres Erkennungszeichen. Die Zähne sind von unterschiedlicher Größe. Der untere Teil des Kiemendeckels ist längs geriffelt.

In der Laichzeit, im April oder Mai, folgt das Männchen einem Weibchen, das bereit ist, Eier zu legen. Je nach Temperatur schlüpft die Fischbrut 10 bis 15 Tage nach dem Legen der Eier.
Die jungen Fischlarven sind dann 6 bis 7 mm lang. Sobald ihre Nahrungsreserven in der Dotterblase aufgebraucht sind, fangen sie an, selbst Beute zu jagen.

Die Zahl der kleinen Fische in einem Gewässer wird sehr schnell verringert, wenn dort zu viele Hechte leben. Die hungrigen Raubfische stürzen sich auf alles, was sie bewältigen können. Manchmal kommt es vor, daß ein Hecht an einem zu dicken Beutetier erstickt. Er kann es nicht verschlingen, aber auch nicht wieder ausspucken, weil die spitzen Zähne es festhalten.

Der Eisvogel

Wenn der Eisvogel von einer Sitzwarte aus ins Wasser taucht, um gleich darauf mit einem kleinen Fisch im Schnabel wieder auf den Ast zurückzufliegen, so geht dies blitzschnell. Man kann die einzelnen Bewegungsabläufe nicht verfolgen. Nur mit Hilfe von Filmen oder Elektronikblitzgeräten läßt sich der Beutefang genau erkennen. So weiß man heute, daß der Eisvogel im Augenblick des Eintauchens seine Nickhaut über das Auge gleiten läßt, um es vor dem Wasser zu schützen. Die Nickhaut ist ein drittes dünnes Augenlid, das alle Vögel besitzen. Wie viele Tiere, ist auch der Eisvogel heute durch die Wasserverschmutzung vom Aussterben bedroht. Fische, die fast ausschließlich seine Nahrung bilden, können im verschmutzten Wasser nicht leben. Eine Eisvogelbrut von 7 Jungvögeln braucht etwa 1000 kleine Fische zum Aufwachsen. Jeder Jungvogel vergrößert sein Geburtsgewicht bis zum Ausfliegen von 3 g auf 30 g. In Gebieten mit mildem Klima verbringt der Eisvogel sein ganzes Leben an ein und demselben Gewässer. Im Norden Europas ist er aber oft gezwungen, von seinem Revier abzuwandern, weil im Winter das Eis Flüsse und Seen bedeckt. In einem frostreichen Winter, der sämtliche Wasserflächen zufrieren läßt, verhungern viele Eisvögel. Jedes Eisvogelpaar braucht eine Strecke von mehreren Kilometern am Wasserlauf und verteidigt dieses Revier gegen andere Artgenossen.

Der Eisvogel ernährt sich vor allem von kleinen Weißfischen, Elritzen, Gründlingen, Plötzen, Stichlingen, aber auch von Wasserinsekten. Schuppen, Gräten oder Chitinteile von Insekten, die der Eisvogel nicht verdauen kann, werden in Form von kleinen Kügelchen wieder ausgespuckt.

Länge: 16,5 cm	Schnabellänge: 4 cm
Gewicht: 35 g	Brutzeit: 20 Tage
Flügelspannweite: 26 cm	Lebenszeit: 5 bis 8 Jahre

Meist lauert der Eisvogel auf einem über das Wasser hinausragenden Zweig auf Beute. Sobald er unter sich einen Fisch sieht, stürzt er sich ins Wasser. Manchmal steht er aber auch im Rüttelflug über der Wasseroberfläche und stößt aus der Luft hinab. Die Beute wird immer mit dem Kopf voran verschluckt. Auch wenn der Eisvogel Junge im Nest füttert, bringt er die Beute kopfvoran im Schnabel herbei.

Der Schnabel des Eisvogels ist lang und spitz. Die Füße sind klein und dienen nur dazu, sich auf einem Ast festzuhalten oder um die Brutröhre zu graben. Der Kopf ist auffallend dick, der Schwanz sehr kurz.

Mit Schnabel und Füßen gräbt der Eisvogel eine etwa 40 bis 100 cm lange Röhre in eine senkrechte Sand- oder Lehmwand. Die Röhre hat einen Durchmesser von etwa 6 cm. Am Ende befindet sich die Brutkammer, in die das Weibchen 6 oder 7 weiße Eier legt. Wenn die jungen Eisvögel aus dem Ei schlüpfen, sind sie fast nackt. Erst nach und nach wachsen die Federn heran, die zunächst von einer Hornhülse umgeben sind.

Am Ende des Winters beginnt unter den Männchen der Kampf um das Brutrevier. Blitzschnell, dicht über der Wasseroberfläche dahinschießend, verfolgen sie sich und versuchen sich gegenseitig zu vertreiben. Der Vogel, der zuerst ermüdet, sucht das Weite. Mit seiner grünlich-blau schimmernden Oberseite und dem rötlichen Bauch gehört der Eisvogel zu den farbenprächtigsten Vögeln unserer Heimat.

Der Biber

In vielen Teilen Europas ist der Biber ausgestorben. In Mitteleuropa kommt er nur noch an der Rhonemündung in Südfrankreich und in einem kleinen Gebiet der Elbe vor. In Skandinavien, wo der Biber an manchen Stellen noch häufig ist, fällt er im Monat zwischen 12 und 47 Bäume, von denen die meisten einen Durchmesser von 1 bis 15 cm haben. Der Biber ist durchaus auch in der Lage, eine Eiche mit einem Durchmesser von 60 cm zu fällen. Für einen Weidenstamm von 6 cm Durchmesser braucht er knapp 30 Sekunden. Jeder Baumstamm wird von unten und oben schräg angenagt, so daß ein sanduhrförmiger Einschnitt entsteht, bis Baumstamm und Baumstumpf einander nur noch mit ihren Spitzen berühren. Schließlich brechen sie auseinander. Der Biber versucht, einen Baum stets so zu fällen, daß er in Richtung des Wassers fällt. Durch den Bau von Dämmen lassen die Biber künstliche Seen entstehen, indem sie einen Flußlauf aufstauen. Durch die entstandene Wasserfläche werden auch andere Tiere wie Wasservögel, Fische und Wasserinsekten angezogen.

Seit einigen Jahrzehnten versucht man, ihn wieder einzubürgern. Biber sind Pflanzenfresser. Sie ernähren sich von allerlei Wasserpflanzen, von Gräsern und Wurzeln, von den Blättern, den Zweigen und der zarten Rinde verschiedener Baumarten. Vor allem sind es Weiden, Pappeln und Espen, die von den Bibern zum Nahrungserwerb gefällt werden. Für den Winter legen sie sich Vorräte an Zweigen an, die sie im Bodengrund der Gewässer verankern. Sind die einzelnen Zweige zu groß, so daß sie vom Biber nicht transportiert werden können, zernagt er sie in einzelne kleinere Teile. Liegt der Baum, den der Biber gefällt hat, weiter vom Ufer entfernt, so gräbt der Biber oft einen Kanal, auf dem er schwimmend die Äste und Zweige zur offenen Wasserfläche transportieren kann. Ein Biberpaar bleibt das ganze Leben zusammen, und die Jungen verlassen ihre Eltern erst im Alter von 2 oder 3 Jahren.

Länge: 1 m und 30 cm Schwanz
Gewicht: 20 bis 30 kg und mehr
Lebenszeit: 15 bis 20 Jahre
Trächtigkeit: 3 Monate

Der Damm des Bibers bewirkt einen Rückstau des Gewässers, so daß die Burg, die eigentliche Biberwohnung, ständig vom Wasser umspült ist. In der Trockenheit wird der Damm abgedichtet, bei starken Regenfällen weiter geöffnet. So bleibt der Wasserstand im eigentlichen See, der die Burg umgibt, stets gleich hoch. Der Damm wird aus Zweigen, Steinen, Schlamm und Blättern gebaut. Ständig müssen die Biber an ihm arbeiten und ihn reparieren. In Kanada kennt man Biberdämme, die eine Länge von 300 m haben. Sie sind so stark, daß man sogar darüber reiten kann.

Der Schwanz des Bibers ist fast nackt und zeigt ein schuppenartiges Muster. Seine Breite beträgt etwa 14 cm. Am abgehäuteten Schädel des Bibers erkennt man die kräftigen oberen und unteren Nagezähne. Beim Tauchen kann der Biber Ohren und Nasenlöcher verschließen. Er schwimmt mit Hilfe seiner Hinterpfoten und steuert mit seinem Schwanz.

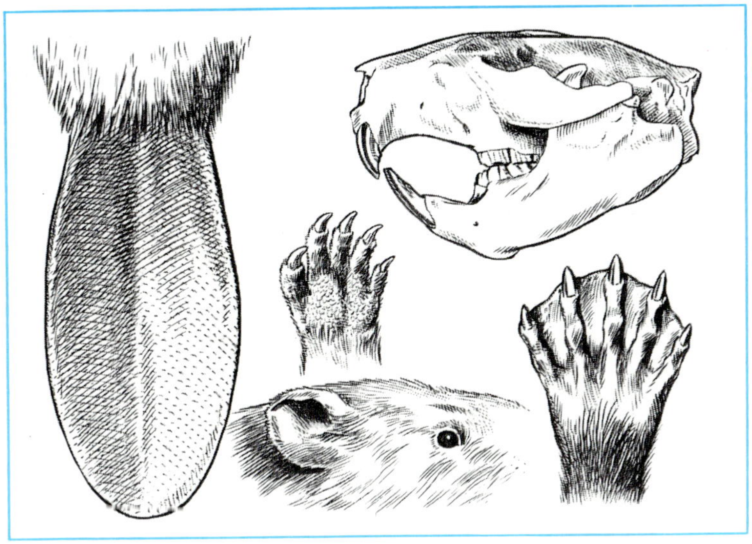

Biber bauen entweder eine Burg mit einem Unterwassereingang oder sie graben sich Wohnhöhlen in steile Uferböschungen. Die Wohnkammer in der Biberburg kann einen oder mehrere Ausgänge haben, die aber stets unter Wasser liegen.

Der Biber ist scheu. Bei Gefahr schlägt er mit seinem breiten Schwanz auf das Wasser, daß es laut klatscht. Dies ist ein Warnsignal für seine Artgenossen. In Europa hat der Biber außer dem Menschen praktisch keinen Feind. In Amerika wird er an Land manchmal von Füchsen oder Bären angegriffen.

Die Stockente

Die Stockente fühlt sich nicht nur auf dem Wasser wohl, sie kann auch an Land recht gut laufen und ausgezeichnet fliegen. An einem Tag kann sie 480 km bei einer Geschwindigkeit von rund 80 km in der Stunde zurücklegen. Weniger gewandt ist die Stockente beim Tauchen. Ihr Auftrieb ist so groß, daß sie nur schwer unter Wasser kommt. Nur bei größter Gefahr versucht sie, unter Wasser zu fliehen. Die Stockente ist die bekannteste aller europäischen Wildenten und auch die häufigste. Sie ernährt sich von allerlei pflanzlicher und tierischer Kost. So gehören Wasserlinsen, Grasspitzen, Triebe und Knospen, Körner, Früchte, Eicheln und Bucheckern, aber auch eine Menge von Wasserinsekten zu ihrer Nahrung. Im Kropf und Magen einer Stockente konnte man über 17 000 kleine Samenkörner, im Magen eines anderen Tieres über 1000 kleine Weichtiere und schließlich bei einer dritten 500 Mückenlarven finden. Männchen und Weibchen verloben sich im Herbst und verbringen den Winter gemeinsam. Zur Brutzeit im Frühjahr bereitet das Weibchen alleine das Nest vor und bebrütet auch alleine sein Gelege. Es besteht aus etwa 10 bis 13 Eiern. Nicht immer muß das Entennest in der Nähe des Wassers liegen. Oft findet man es weit davon entfernt. Es ist mit Federn weich ausgepolstert. Wenn das Weibchen das Nest zur Nahrungssuche verläßt, bedeckt es die Eier mit den Federn.

Trotzdem drohen den Eiern viele Gefahren. Auch viele Kücken werden in den ersten Lebenstagen das Opfer von Raubtieren oder sie fallen Schlechtwetterperioden zum Opfer.

Länge: 50 cm
Gewicht: 900 bis 1400 g
Flügelspannweite: 90 cm
Brutzeit: 28 Tage
Lebenszeit: 20 Jahre (in der Natur)

Die Stockenten gehen vor allem in der Morgen- und Abenddämmerung auf Nahrungssuche. In kleinen Trupps fliegen sie davon und verteilen sich auf Felder, Wiesen und Waldrändern.

Die Innenseite des Schnabels ist mit Hornplättchen ausgestattet, bei denen das Wasser nach Nahrungsteilchen durchgefiltert wird. Die vorderen Zehen sind durch Schwimmhäute verbunden. Auf den Flügeln haben Männchen und Weibchen einen schwarz-weiß eingerahmten metallisch blauen Fleck, den man Spiegel nennt. Er dient für Artgenossen als Erkennungszeichen.

Im März oder April legt das Entenweibchen 7 bis 13 Eier und bebrütet sie alleine. Beim Schlüpfen haben die Kücken einen weichen Flaum, ihre Augen sind bereits geöffnet, und sie können laufen und schwimmen. Sie folgen ihrer Mutter, die sie sehr schnell zum nächsten Wasser führt. Im Alter von etwa 8 Wochen werden sie flugfähig.

Die Stockenten des nördlichen Europas ziehen im Herbst nach Westen und Süden. In anderen wärmeren Teilen Europas bleiben die Stockenten das ganze Jahr über an ein und demselben Ort.

Die Rohrweihe

Die Rohrweihe ist, wie viele andere Greifvogelarten auch, in ihrem Bestand bedroht. Lange Zeit wurde sie von Menschen verfolgt und bejagt, heute ist sie streng geschützt. Da die Rohrweihe ihr Nest am Boden anlegt – in hohen Schilfbeständen oder in hohen Riedgraswiesen –, sind auch die Eier und die Jungvögel stark gefährdet. Wenn die alten Vögel bei einer Störung nicht am Nest sind, können die Eier von allen möglichen kleinen Räubern zerstört werden. Dort wo die Rohrweihen keine Schilfbestände mehr finden, um ihren Horst darin zu bauen, weichen sie auf Kornfelder aus. Wenn die Felder dann gemäht werden, kommen die Jungvögel durch die Mähmaschinen zu Tode. Die ursprünglichen Nestreviere liegen jedoch wie schon gesagt in den weiten Schilfgebieten von Seen und Teichen. Hier geht die Rohrweihe auch auf Jagd. Das Nest ist aus Schilfrohr gebaut, das das Männchen herbeibringt. Auch trockene Weiden-, Erlen- oder Birkenzweige dienen als Unterlage. Das Innere des Nestes wird mit Blättern von Wasserpflanzen ausgelegt. Sobald ein Nestplatz ausgewählt ist, verbringt die Rohrweihe hier auch die Nacht. In der Paarungszeit schwingt sich das Männchen in die Luft, zieht Kreise am Himmel und läßt sich dann spielerisch wieder herabfallen, wobei helle Rufe zu hören sind.

Bald gesellt sich ein Weibchen ihm zu. Das Männchen täuscht einen Angriff vor. Das Weibchen wirft sich in der Luft auf den Rücken und richtet die Fänge gegen das Männchen. Diese Hochzeitsspiele dauern viele Tage. Dort, wo die Rohrweihe noch etwas häufiger vorkommt, brüten mehrere Paare in einem Schilfgebiet.

Länge: 52 cm
Gewicht: 500 g
Flügelspannweite: 1,20 m
Brutzeit: 31 oder 32 Tage
Lebenszeit: 16 Jahre (in der Natur)

Die Rohrweihe fängt ihre Beute durch einen Überraschungsangriff. Im langsamen Flug gleitet sie nur wenige Meter über dem Boden dahin. Sobald sie eine Beute entdeckt hat, läßt sie sich fallen, um sie mit den Fängen zu greifen. Zu ihrer Beute gehören allerlei Wasservögel, Rohrsänger und Rohrammern, Wasserratten, Frösche, Fische, aber auch größere Insekten.

Die Weihen haben längere und dünnere Fänge als etwa der Bussard. Der Schnabel ist wie bei allen Greifvögeln gebogen. Die Augen liegen tief unter einem hervorspringenden Augenbrauenbogen und sind weit nach vorne gestellt. Der Kopf erinnert dadurch etwas an den einer Eule.

Im Mai werden 3 bis 6 Eier gelegt und zwar im Abstand von 2 bis 3 Tagen. Das Weibchen brütet sie alleine aus. Da auch die Jungen im Abstand von 2 bis 3 Tagen schlüpfen, sind sie unterschiedlich groß. Die ersten zwei Wochen nach dem Schlüpfen bleibt die Mutter immer am Nest, um die Jungen zu bewachen, während das Männchen Nahrung herbeischafft. Mit etwa 55 Tagen können die Jungen fliegen.

Die Rohrweihe ist ein Zugvogel. Sie verbringt den Winter südlich der Sahara, zum Beispiel in Zaire, Angola oder Tansania. Auf der Reise fliegt sie wesentlich schneller als auf ihren Beuteflügen.

Die Wasseramsel

Unter den vielen Arten von Kleinvögeln ist die Wasseramsel die einzige, die sowohl im Wasser als auch auf dem Lande zu Hause ist. Sie lebt am Rande von klaren und schnellen Gewässern, an Bächen und kleinen Flüssen besonders in den Bergen. Im Flachland findet man die Wasseramsel kaum. Ihre Nahrung sucht sie am Ufer und im Wasser. Dort läuft sie am Bodengrund entlang, indem sie sich mit den Beinen an den Kieselsteinen festhält, oder sie schwimmt, indem sie mit den Flügeln rudert. Ihr Federkleid ist dicht und wasserfest. Will die Wasseramsel auftauchen, so hört sie auf zu rudern und wird wie ein Kork an die Oberfläche getrieben. Dort perlt das Wasser vom Gefieder ab, und der kleine Vogel kann sofort von der Wasseroberfläche aus davonfliegen. Am Tage taucht sie etwa 1600 mal, wobei sie insgesamt etwa zwei Stunden unter der Wasseroberfläche zubringt. Die übrige Zeit des Tages ist mit Ruhen und mit der Pflege des Gefieders ausgefüllt. Die Rufe der Wasseramsel klingen kurz und sehr hell. Sie durchdringen auch das Geräusch des fließenden Wassers. Ihr Gesang, den man das ganze Jahr über hören kann, ist leise und wohltönend. Die Wasseramsel ernährt sich von kleinen Krebstieren, Fischen und Fischbrut sowie von Wasserinsekten. Spinnen, Würmer und Weichtiere vervollständigen den Speiseplan.

Länge: 17,5 cm
Gewicht: 60 g
Flügelspannweite: 30 cm
Brutzeit: 16 Tage
Lebenszeit: 8 Jahre (in der Natur)

Die Wasseramsel kann ohne Schwierigkeiten in fließendem Gewässer tauchen. Sie hält dabei den Kopf gebeugt und den Körper schräg nach unten. Die Flügel sind leicht ausgebreitet und das anströmende Wasser drückt den Vogel gegen den Grund. Meist dauern die einzelnen Unterwasserausflüge nur 5 bis 8 Sekunden. Bei Gefahr kann die Wasseramsel aber auch 10 Sekunden und länger unter Wasser bleiben.

Das Gefieder der Wasseramsel ist braun, schwarz und weiß und tarnt den Vogel vor allem im Uferbereich gut. Die Beine sind lang und kräftig. Mit ihren Augen kann die Wasseramsel unter Wasser ebenso gut sehen wie an Land.

Im April legt das Weibchen 4 bis 6 weiße Eier und brütet sie alleine aus. Im Alter von 20 Tagen verlassen die Jungen das Nest. Sie können dann bereits schwimmen, noch bevor sie fliegen.

Die Wasseramsel nistet immer am Ufer und baut ihr Nest aus Moos, Gras und Laub mit einem seitlichen Eingang unter Brücken, an überhängenden Felsen und sogar hinter Wasserfällen.

Der Graureiher

Der Graureiher, der früher Fischreiher genannt wurde, ernährt sich keineswegs nur von Fischen. Im Magen eines ausgewachsenen Vogels, der zur Fütterung der Jungen zum Nest zurückkehrte und dabei verunglückte, fand man 6 Ringelnattern, 3 Würfelnattern, 6 Eidechsen, 1 Frosch, 4 Kaulquappen, 15 Maulwurfsgrillen, 8 Heuschrecken und 45 kleine Fische. Diese Aufzählung zeigt, daß der Graureiher nicht nur fischt, sondern auch auf Feldern und Wiesen jagt. Hier macht er sich vor allem durch Vertilgen von Schadinsekten und Mäusen sehr nützlich. Die Fische, die er fängt, sind durchschnittlich 10 bis 15 cm lang. Aber auch ein Aal von 60 cm Länge kann verschlungen werden. Der Graureiher braucht täglich etwa 340 g Nahrung. Er muß dafür manchmal große Entfernungen zurücklegen. Feuchte Wiesen, natürliche Wasserläufe und saubere Teiche sind heute so selten, daß ein Reiher oft 20 oder 30 km fliegen muß, um einen gut gedeckten Tisch zu finden. Mit Hilfe seiner großen breiten Flügel kann er weite Entfernungen zurücklegen, ohne zu ermüden. Junge Reiher, die im Nest beringt wurden, hat man später 8000 km entfernt von ihrem Geburtsort wiedergefunden.
Graureiher, die im nordöstlichen Gebiet Europas brüten, verlassen im August ihre Heimat und ziehen nach Westen oder in den Mittelmeerraum, um dort den Winter zu verbringen. Vor dieser Reise, die sie oft über 1000 km weit wegführt, verteilen sich die jungen Reiher zwischen Juni und August in allen Richtungen. Selten kehren sie im darauffolgenden Jahr in die Kolonie zurück, in der sie geboren wurden. Die Vögel fliegen meist bei Nacht mit einer Geschwindigkeit von 30 bis 40 km/h.
Der Graureiher lebt im Flachland, in der Nähe von süßen, salzhaltigen oder sogar salzigen Gewässern, die an den Ufern möglichst flach sein sollen. Zur Brutzeit ist er gesellig, im übrigen Jahr trifft man ihn häufig alleine, vor allen Dingen in der Nähe von kleinen Teichen. Da er immer bejagt wurde, ist der Graureiher sehr scheu und flieht den Menschen schon auf weite Entfernung.

Länge: 90 cm; Gewicht: 1,7 kg
Flügelspannweite: 1,60 m
Lebenszeit: 24 Jahre (in der Natur)

Bei der Beutesuche schreitet der Graureiher entweder langsam über Wiesen und Felder oder er steht bewegungslos und lauernd im Wasser und wartet, bis ein Beutetier in der Nähe vorbeikommt. Dann stößt er mit seinem langen Hals und Schnabel blitzartig zu. Im allgemeinen verschlingt er sein Beutetier in einem Stück.

Der Graureiher nistet in Kolonien. Mehrere Paare bauen ihre Horste nebeneinander in Eichen, Kiefern oder Fichten. Das Nest besteht aus Zweigen und Wurzeln und wird jedes Jahr ausgebessert und repariert. Die Eier werden zwischen Ende März und Anfang Mai gelegt.

Der Graureiher hat gelbe Augen, die der Jungen sind weißlich. Normalerweise hält der Reiher seinen Hals in S-Form. Nur beim Beutefang wird er schnell nach vorne ausgestreckt. Die Federn im Nacken sind zwischen 8 und 21 cm lang. Die Füße sind verhältnismäßig kurz, aber die Zehen relativ lang. Dies erleichtert dem Reiher das Laufen auf schlammigem Boden.

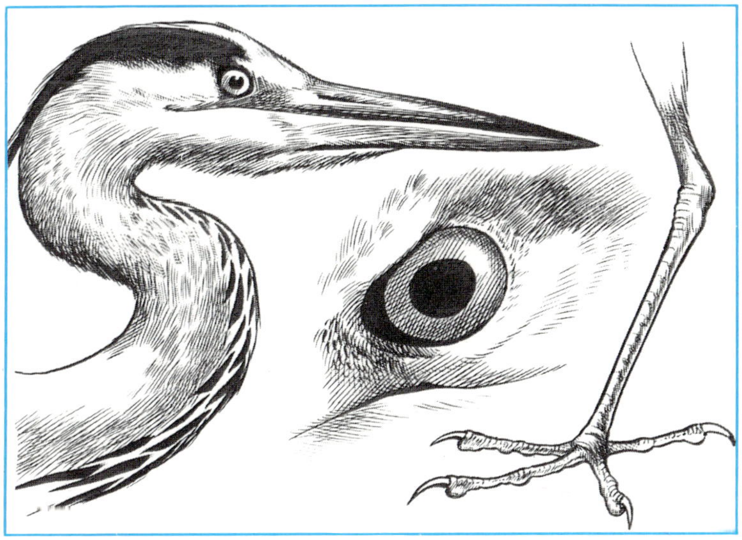

Die Eier, 4 oder 5, haben eine bläulich-grüne Farbe und messen etwa 60 x 43 mm. Beim Schlüpfen wiegen die Jungen 42 g. Sie werden alle 4 bis 6 Stunden von ihren Eltern mit Futter versorgt. Im Alter von 30 Tagen beginnen sie im Geäst herumzuflattern. Mit 8 oder 9 Wochen sind sie flügge und verlassen den Horst.

Der Stichling

Der Stichling ist tatsächlich ein stachliger Geselle. Auf seinem Rücken und an seinem Bauch stehen spitze, aufrichtbare Flossenstacheln, die es einem Räuber erschweren, den kleinen Fisch hinunterzuschlucken. Das Verhalten des Stichlings, vor allem zur Laichzeit, ist sehr genau untersucht worden: Zu dieser Zeit bekommen die Männchen ein farbenprächtiges Kleid. Ihr Bauch wird rot, und die Oberseite schillert bläulich-grün. Jedes Männchen verteidigt ein Revier in seinem Wohngewässer. Wenn ein anderes Männchen versucht, hier einzudringen, wird es vom Revierbesitzer angegriffen und verjagt. Dabei ist die rote Bauchfärbung das Signal zum Angriff. Auch ein rot angemaltes Stückchen Holz wird von einem Stichlingsmännchen angegriffen. In seinem Revier baut das Männchen am Boden ein etwa walnußgroßes Nest aus Wasserpflanzenteilen. Nähert sich ein Weibchen dem Nest, so wird es in einem Zick-Zack-Tanz zum Nest gelockt. Im Nest legt das Weibchen die Eier ab und wird darauf sofort vom Männchen vertrieben. Das Männchen bewacht dann die Eier und die daraus schlüpfenden Jungfische, bis diese so alt sind, daß sie das Nest verlassen und davonschwimmen. Stichlinge können sowohl im Süß- als auch im Salzwasser leben. Stichlinge, die die Möglichkeit haben, über verschiedene Flußsysteme das offene Meer zu erreichen, kehren dorthin zurück, nachdem sie im Süßwasser ihre Eier gelegt haben. Sie verbringen dann den Winter im Meer, um erst im Frühjahr darauf wieder in das Süßwasser zu wandern. Stichlinge, die keine Möglichkeit haben, das Meer zu erreichen, bleiben das ganze Leben über im Süßwasser.

Länge: 5 bis 11 cm
Lebenszeit: 3 Jahre

Im Frühjahr gräbt das Männchen mit Hilfe seines Bauches und der Brustflossen eine flache Mulde in den Sand. Dann sammelt es Wasserpflanzen und verklebt sie mit einem von den Nieren abgesonderten Schleim. So entsteht ein kleines Nest. Durch das Nest führt ein vom Männchen geschaffener Gang.

Kommt ein Weibchen vorbei, wird es vom Männchen zum Nest geführt, wo es etwa 100 bis 400 Eier ablegt. Das Männchen bringt mehrere Weibchen zu seinem Nest, und jedes legt seine Eier im Innern ab. Erst wenn die ganze Höhlung voller Eier ist, wird kein weiteres Weibchen mehr in Nestnähe geduldet. Das Männchen hält Wache.

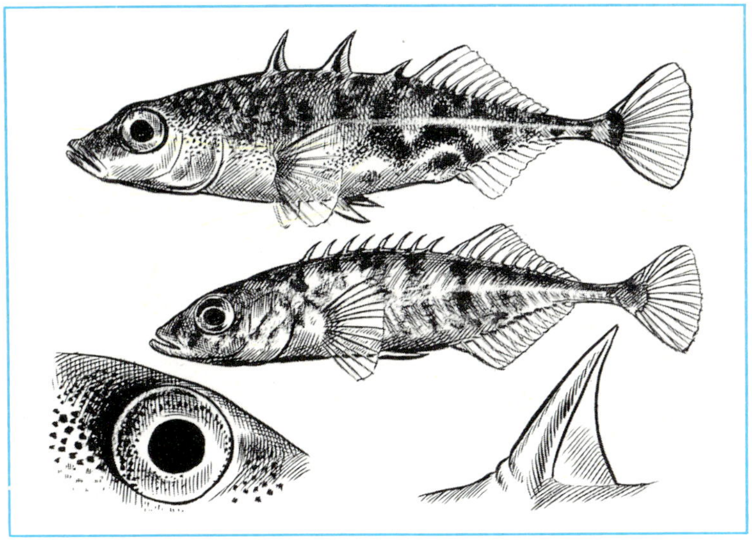

Die Stacheln des Stichlings haben an ihrer Rückseite eine häutige feine Membrane. Der neunstachlige Stichling trägt am Rücken 8 bis 10 solcher Stacheln, der dreistachlige Stichling in der Regel drei. Der neunstachlige Stichling baut sein Nest zwischen die Halme von Wasserpflanzen.

Je nach Wassertemperatur schlüpfen die Jungen nach 4 bis 17 Tagen aus den Eiern. Sie bleiben die ersten 4 bis 7 Tage im Nest, wo sie vom Männchen bewacht werden. Kommt ein Junges einmal aus dem Nest heraus, so wird es vom Männchen aufgeschnappt und ins Nest zurückgespuckt. Nach einiger Zeit kann der Vater aber die Jungen nicht mehr bewachen und diese verteilen sich in der Umgebung.

Nur kranke oder tote Stichlinge können für den Krebs als Nahrung dienen. Gesunde, lebende Fische sind zu schnell und entkommen ihm. Zu den Feinden des Stichlings gehören Aal und Hecht. Auch viele Vögel, wie die Reiher, stellen ihm nach.

Die Gebirgsstelze

Die Gebirgsstelze mit dem schönen gelben Bauch ist eine Verwandte der bekannteren schwarzweißen Bachstelze. Wie diese hat sie einen lang auslaufenden Schwanz, der fast dauernd in einer wippenden Bewegung ist. Die Gebirgsstelze lebt am Ufer von schnell fließenden Gewässern oder Bergseen. Dort ist sie, wie die Wasseramsel, ein häufiger Gast. Man kann sie in Höhen bis zu 2000 m beobachten. In Westeuropa ist die Gebirgsstelze meist seßhaft, aber die Vögel, die im Gebirge leben, kommen im Winter ins Flachland, wo sie dann auch ihre Artgenossen aus Nord- und Mitteleuropa treffen. Das Nest dieser hübschen schlanken Vögel wird in Halbhöhlen gebaut. Die fünf oder sechs Eier sind grünlich-gelb mit rötlichen Flecken. Meist brütet die Gebirgsstelze 2mal im Jahr. Früher, als es noch viele alte Wassermühlen gab, bauten die Stelzen ihre Nester gerne auf den Holzbalken unter dem Dach oder in den Nischen zwischen den Steinen der Grundmauern. Einige Vögel fliegen nach Beendigung der Brutzeit in den Mittelmeerraum oder sogar bis ins tropische Afrika. Sie ziehen im Oktober weg und kommen im März oder April zurück. Die Gebirgsstelze fliegt in langen flachen Bögen. Sie schlägt einige Male schnell mit den Flügeln, wobei sie in der Luft langsam ansteigt. Dann legt sie die Flügel an und sinkt wieder ein Stück herunter. So entsteht die wellenlinienförmige Flugbahn. Der Hauptfeind der Gebirgsstelze ist der Sperber, aber auch andere Tag- und Nachtgreifvögel stellen diesem hübschen kleinen Vogel nach.

Länge: 21 cm (davon 10 cm Schwanz)
Gewicht: 17 g
Lebenszeit: unbekannt

Den größten Teil des Tages ist die Gebirgsstelze mit Nahrungssuche beschäftigt. Besonders im Winter, wenn es wenig Insekten gibt. Aber die Gebirgsstelze findet immer Nahrung. Sie fängt die kleinen Tiere, die an der Grenze zwischen Wasser und Land leben: Zweiflügler, Käfer, Eintagsfliegen, Libellen, Larven, Regenwürmer und Weichtiere. Nur starker Frost bedroht das Leben der Gebirgsstelze, denn dann sind die Wassertiere unerreichbar.

Hier hat ein Sperber eine Gebirgsstelze geschlagen. Sie konnte dem blitzschnellen Anflug nicht mehr ausweichen. Größeren und schwerfälligeren Greifvögeln kann die Gebirgsstelze meist entkommen.

Die Schwanzfedern sind etwa 10 cm lang, fast so lang wie der Körper des Vogels. Das Weibchen (rechts) unterscheidet sich vom Männchen (links) durch ein helleres Gelb am Bauch und durch das Fehlen des schwarzen Kehlflecks. Die Beine sind für diesen kleinen Vogel recht kräftig gebaut und zeigen, daß er schnell laufen kann.

Das Nest wird in einem Mauerloch oder zwischen Wurzeln eines umgestürzten Baumes oder auch im Schutz eines Felsblocks am Ufer gebaut.
Es besteht aus Moosstücken, welken Blättern und Halmen. Das Innere wird mit Haaren, feinen Federn oder Gräsern weich ausgepolstert. Die 4 bis 6 Eier werden 12 Tage lang bebrütet.

Der Fischadler

Der Fischadler ist der einzige Greifvogel, der sich ausnahmslos von Fischen ernährt. Er kann Beutetiere von einem Pfund und manchmal mehr aus dem Wasser ziehen. Der Rekord wird von einem Fischadler gehalten, der mit einem 1 ½ kg schweren Fisch davonflog. Dies entspricht etwa dem Eigengewicht des Vogels. Ein Fischadler braucht etwa 500 g Fisch pro Tag. Ein Vogelpaar mit drei Jungen verspeist in der Zeit vom Schlüpfen bis zum Flüggewerden der Jungen etwa 140 kg Fisch. Das scheint zunächst sehr viel, doch ist der Schaden, der dadurch entsteht, gering. Dies hat zwei Gründe: Einmal ist der Fischadler fast überall selten, zum anderen läßt er sich nur an Meeresküsten oder an anderen fischreichen Gewässern nieder. Mit seinen kräftigen Fängen und den spitzen, gekrümmten Krallen greift der Fischadler seine schlüpfrige Beute. Er ist fast überall auf der Welt zu Hause. Er nistet in Eurasien und in Nordamerika. Die Verschmutzung der Gewässer und die Abnahme der Fische haben ihn in Deutschland zu einer der stark bedrohten Vogelarten gemacht. Aber nicht nur in Deutschland, auch in vielen anderen Teilen der Welt ist der Fischadler fast ausgestorben.

In Mitteleuropa kommt er im März an die Seen und Teiche zurück und bezieht den alten Horst auf einem hohen, meist einzelstehenden Baum. Er richtet diesen Horst jedes Jahr wieder neu her. Viele Horste erreichen dadurch mit der Zeit ein enormes Ausmaß. Im August verläßt der Fischadler sein Brutrevier und begibt sich wieder auf die Wanderschaft. Sein sicherer Instinkt treibt ihn dazu, Seen und Teiche zu verlassen, ehe sich das Wasser im Winter mit einer Eisdecke überzieht. Die Horste werden meist in einem großen Baum, einer Kiefer oder auch einer Eiche gebaut.

Länge 60 cm, Gewicht: 1,5 bis 1,7 kg
Flügelspannweite: 1,5 bis 1,7 m, Brutzeit: 38 Tage

Auf der Jagd fliegt der Fischadler über dem Wasser und sucht nach einem Fisch, der dicht an der Wasseroberfläche schwimmt. Dann verhält er im Flug, rüttelt eine Zeit lang, streckt die Fänge nach vorne und taucht, wobei er eine Wasserfontäne aufspritzen läßt. Manchmal verschwindet er gänzlich unter der Wasseroberfläche, um erst wenige Sekunden später mit seinem Fang wieder aufzutauchen.

Wenn es ihm gelungen ist, einen Fisch zu greifen, dann hält er ihn im Fluge mit dem Kopf nach vorne zwischen den Fängen. Er macht sich auf die Suche nach einem Ast, auf dem er die Beute in Ruhe verspeisen kann.

Die Krallen erreichen eine Länge von 36 mm. Die Unterseite der Zehen ist sehr rauh und erleichtert ein Festhalten der glitschigen Fische. Der schwarzweiß gezeichnete Kopf ist ein deutliches Erkennungsmerkmal für den Fischadler. Kein anderer europäischer Greifvogel trägt diese Kontrastfarbe.

Die drei oder vier Eier werden im Abstand von zwei oder drei Tagen gelegt und von den Eltern abwechselnd bebrütet. Die Jungen schlüpfen etwa Ende Mai. Sie verlassen den Horst nach 64 oder 65 Tagen. Wenn sie nicht mehr gefüttert werden, müssen sie sich selbständig machen und ein eigenes Jagdrevier suchen.

Der Fischadler fängt vor allem Fische zwischen 75 und 200 g. Manchmal greift er aber auch einen Karpfen oder einen großen Hecht, der sehr viel schwerer ist. Dann hat er Mühe, seine Krallen schnell aus der großen Beute zu lösen, um von ihr nicht unter Wasser gezogen zu werden.

Der Wasserfrosch

Jedes Jahr im Mai legen die Weibchen der Wasserfrösche ihre Eier in Teiche, Tümpel und Gräben. Ein einziges Weibchen legt 1000 bis 6000 Eier. Trotz dieser enormen Eierzahl wachsen nur sehr wenige Frösche heran. Eiern, Kaulquappen und Jungfröschen drohen viele Gefahren. Fleischfressende Tiere stellen ihnen nach und ernähren sich von ihnen. Andernfalls würde auch die Zahl der Frösche sehr bald gewaltig zunehmen. Wasserfrösche müssen sich immer im oder am Wasser aufhalten oder zumindest an feuchten Plätzen. Das Quaken der Frösche kann man bis in 1 km Entfernung hören. Es wird verstärkt durch die beiden Schallblasen, die sich seitlich an seinem Maul ausstülpen. Das Froschkonzert lockt im Frühsommer die Weibchen an. Im März und April erwacht der Wasserfrosch aus seinem Winterschlaf. Er ist im Flachland, am Fuß der Gebirge, in Teichen, Seen, Sümpfen und an den Ufern ruhig fließender Gewässer verbreitet. Seine Haut, die sehr dünn und drüsenreich ist, bleibt ständig feucht. Durch die dünne Haut kann auch Sauerstoff in das Blut aufgenommen werden. Seine Jugendzeit verbringt der Frosch als Larve. Diese Kaulquappe, die aus dem Ei schlüpft, besitzt noch keine Füße. Sie trägt einen Schwanz, der seitlich abgeflacht ist und sie im Wasser vorantreibt. Sie atmet mit Kiemen und ernährt sich von Algen und anderen Wasserpflanzen.

Die Kaulquappe kann das Wasser nicht verlassen. Auf dem Trockenen würde sie sofort eingehen. Innerhalb einiger Monate verändert sich das Aussehen dieser kleinen Tiere. Die Kiemen verschwinden und werden durch Lungen ersetzt, die Füße wachsen, der Schwanz wird zurückgebildet. Auch der Verdauungsapparat verändert sich, denn der kleine Frosch und später auch der heranwachsende Frosch ernährt sich von tierischer Kost.

Den Winter verbringt der Wasserfrosch im Schlamm der Gewässer eingegraben und ruht. Erst im Frühjahr, wenn die Sonne das Wasser langsam wieder erwärmt, erwachen die Frösche und lassen sich nun auch an der Wasseroberfläche sehen. Dort sitzen sie gerne am Uferrand oder auf den Blättern der Seerosen.

Länge: 9 bis 10 cm maximal (selten mehr)
Lebenszeit: 6 Jahre

Der Wasserfrosch entfernt sich niemals weit vom Wasser. Er schwimmt mit Hilfe seiner langen Hinterbeine, deren Zehen mit Schwimmhäuten versehen sind und den Frosch kräftig vorantreiben. Nähert man sich einem Frosch, so macht er sofort einen großen Satz und versucht ins Wasser zu entkommen. Mit Hilfe der langen Sprungbeine und der kräftigen Muskulatur kann er recht ansehnliche Sprünge machen. Der Springfrosch, ein kleiner Verwandter des Wasserfrosches, springt mit einem Satz ca. 1 1/2 oder 2 m.

Hinter dem Auge des Frosches ist ein kleiner kreisförmiger Bereich zu erkennen, das Trommelfell, der äußere Teil des Ohres. Mit den Augen an der Oberseite des Kopfes kann der Frosch sehen, was an Land passiert, während er selbst fast vollständig im Wasser bleibt. Ähnlich hoch am Kopf angesetzte Augen findet man auch bei Krokodilen, Flußpferden oder Fischen, die an der Wasseroberfläche leben.

Die Eier sind von einer schützenden, gallertartigen Hülle umgeben. Nach 8 bis 15 Tagen schlüpfen die kleinen Kaulquappen. Die Metamorphose zum Frosch dauert drei bis vier Monate. Die Jungfrösche, die im August oder September fertig entwickelt sind, messen 2 cm. Da ihnen der Schwanz fehlt, sind sie etwa um die Hälfte kürzer als die Kaulquappen, aus denen sie sich entwickelt haben.

Der Wasserfrosch ist ein Fleischfresser, der vor allem auf Insekten Jagd macht. Auch Regenwürmer, Schnecken und Fischbrut stehen auf seinem Speisezettel. Die Zunge, die aus dem Maul herausschnellt, packt die Beute und befördert sie in das Maul zurück. Jungfrösche machen sich vor allem durch das Vertilgen zahlreicher Mückenlarven nützlich.

Der Teichrohrsänger

Männchen und Weibchen des Teichrohrsängers sind ständig auf Futtersuche, um ihre Jungen zu ernähren. Während der 9 oder 10 Tage, die die Jungen im Nest verbringen, werden sie etwa 2800 mal gefüttert. Und da die Jungen auch noch nach dem Verlassen des Nestes 8 bis 14 Tage gefüttert werden, fliegen die Eltern in dieser ganzen Zeit etwa 5000 mal hin und her. Zahlreichen Paaren gelingt es aber dennoch nicht, ihre Brut aufzuziehen. Viele Eier und Jungvögel fallen Feinden und Schlechtwetterperioden zum Opfer. Ende April oder Anfang Mai kommt der Teichrohrsänger aus seinem Winterquartier im tropischen Afrika südlich der Sahara zurück nach Europa. Zuerst erscheinen die Männchen, die Weibchen folgen ein oder zwei Wochen später. Die Männchen suchen sich einen Platz im Schilf, beginnen zu singen und ihr Gebiet zu verteidigen. Das Männchen singt vor allem eine oder zwei Stunden vor Sonnenaufgang. Manchmal fängt es schon nach Mitternacht an. Durch diesen Gesang werden auch die Weibchen angelockt. Sobald sich zwei Vögel miteinander verpaart haben, wird mit dem Nestbau begonnen. Der Teichrohrsänger hält sich am liebsten in schilfbestandenen Ufern von Süßwasserseen auf.
Männchen und Weibchen wechseln sich beim Brüten ab. Manche Paare brüten im Sommer noch ein zweites Mal, wenn die ersten Jungen flügge und selbständig geworden sind. Zur Nahrung der Teichrohrsänger gehören Insekten aller Art und deren Larven wie etwa Libellen, Schmetterlinge, Fliegen und Eintagsfliegen, aber auch Spinnen und andere Kleintiere.

Länge: 13 cm
Flügelspannweite: 19 cm
Gewicht: 15 g
Lebenszeit: 2 bis 4 Jahre (in der Natur)

Das Nest wird vom Weibchen gebaut, das den geeigneten Platz, das heißt drei oder vier nahe beieinander stehende Schilfhalme aussucht. 20 bis 30 cm über der Wasseroberfläche wickelt es feuchte Schilfblätter und Grashalme um die Rohrstengel. Beim Trocknen zieht sich das Material zusammen und der Korb ist fest verankert. Trockene Gräser, Schilfstücke und Fasern polstern den Boden des Nestes.

Der Teichrohrsänger ähnelt dem Drosselrohrsänger (unten). Er ist aber kleiner und singt leiser. Er hat den dünnen Schnabel der insektenfressenden Vögel. Mit seinen kräftigen Beinen und Zehen findet er an den Schilfhalmen festen Halt.

Die Eier werden im Mai oder Juni gelegt und 12 Tage bebrütet. Das Nest hat die Form eines Korbes; es ist außen etwa 12 cm hoch und innen 5 cm tief. Während der ersten fünf Tage nach dem Schlüpfen überbringt das Männchen dem Weibchen die Nahrung, das sie dann den Jungen weitergibt.

Die jungen Rohrsänger haben zahlreiche Feinde. Hier fängt die Große Rohrdommel einen Jungvogel wieder ein, der gerade erst das Nest verlassen hat. Starke Regengüsse durchnässen die jungen Vögel, wenn die Eltern nicht da sind, um sie zu schützen. Bei starken Stürmen werden Eier oder Jungvögel aus dem Nest geworfen, und in manchen Gebieten legt der Kuckuck seine Eier in die Nester der Rohrsänger. Wenn der junge Kuckuck schlüpft, wirft er Eier oder Stiefgeschwister aus dem Nest und wird alleine von den Rohrsängereltern aufgezogen.

Der Karpfen

Karpfen können zwar sehr alt werden, aber hundertjährige Karpfen gibt es nur in Märchen. Das höchste Alter wurde von einem Karpfen mit 47 Jahren erreicht. Von 60 Karpfen, die in einem Teich gehalten wurden, waren nach 42 Jahren nur noch 7 vorhanden und nach 45 Jahren waren alle Tiere tot. Die größten Karpfen wiegen bis zu 30 kg. Einer der größten Karpfen, der in Amerika gefangen wurde, war 1,07 m lang und wog 27 kg. In günstiger Umgebung, zum Beispiel in warmen Ländern, wächst der Karpfen viel schneller. Auf Java erreichte ein 5,7 cm langer und 2,87 g schwerer junger Karpfen innerhalb von 45 Tagen eine Länge von 22 cm und ein Gewicht von 200 g. In einem Karpfenzuchtteich, in dem die Fische regelmäßig gefüttert werden, kann man sehr viel mehr Tiere halten als in einem natürlichen Gewässer. Der Karpfen kommt ursprünglich aus Osteuropa, Zentral- und Ostasien. Der Mensch hat ihn sehr früh in das übrige Europa und in fast alle Länder der Welt eingeführt. Bereits die Römer und Griechen kannten die Karpfenzucht. Der Karpfen liebt langsam fließende oder stehende Süßwasser. Lange Wanderungen unternimmt er nicht. Ein im Bodensee gekennzeichneter Karpfen legte jedoch an einem Tag 24 km zurück. Die Schwanzflosse benutzt der Karpfen als Antrieb, die Brustflossen und die Bauchflossen steuern beim Aufwärts- und Abwärtsschwimmen.

Die Körpertemperatur des Karpfens ist von der Wassertemperatur abhängig. Im Sommer fühlt er sich am wohlsten bei 20 bis 23 Grad. Im Winter hält er sich im tieferen Wasser auf und wird sehr ruhig. Während Jungkarpfen verschiedenen Tieren zur Beute fallen, haben alte große Karpfen keine natürlichen Feinde.

Länge: 1 m
Gewicht: 25 kg
Lebenszeit: bis zu 40 Jahre (manchmal mehr)

Das Karpfenweibchen legt seine Eier im seichten Wasser der Teichränder oder auf überfluteten Wiesen ab. Die Eier heften sich an den Wasserpflanzen an, und auch die ganz jungen, frisch geschlüpften Fischlarven halten sich in der Umgebung von Wasserpflanzen auf. Wenn die Weibchen die Eier ablegen und die Männchen die Eier besamen, kommt es an den Uferrändern der Seen und Teiche oft zu großen Ansammlungen von Karpfen. Unter schlängelnden Bewegungen des Körpers und mit heftigem Schlagen der Schwanzflossen werden Eier und Samen abgegeben. Ein Weibchen legt etwa 8000 Eier.

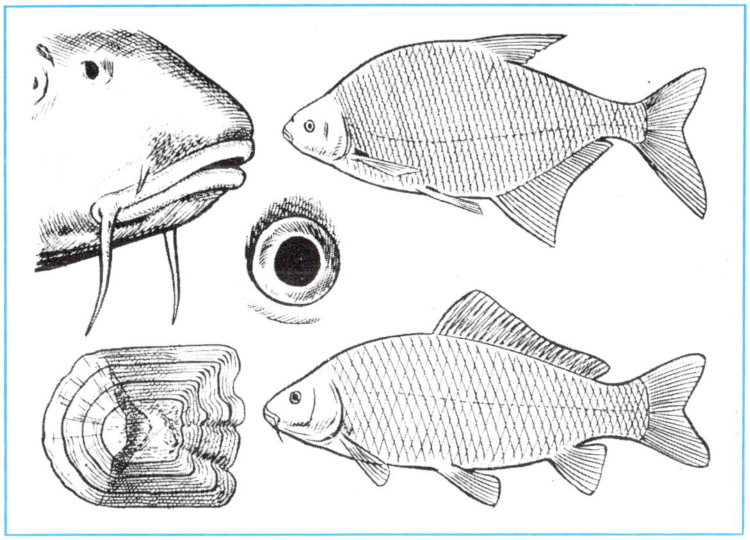

Am Maul besitzt der Karpfen Bartfäden mit Tastfunktion. Er kann seine Augen nicht schließen. Im trüben Wasser schlammiger Gewässer sucht er seine Nahrung fast ausschließlich mit Hilfe der Tastorgane. Ein durchschnittlich großer Fisch hat zwischen 1100 und 1200 Schuppen. Oben ist eine Brasse, unten ein Karpfen gezeichnet.

Bei einer Wassertemperatur von 19 Grad dauert die Entwicklung der Eier 5 Tage, bei 23 Grad nur drei Tage. Die frisch geschlüpften Fischlarven sind 5 mm lang. Zu Ende des ersten Sommers erreichen die Karpfen eine Länge von zwischen 6 und 15 cm und wiegen etwa 30 g. Im zweiten Jahr erreichen sie 20 cm und 200 g und im dritten wiegen sie im Durchschnitt 1 kg.

Von der Wildform des Karpfens, die überall am Körper Schuppen trägt, unterscheiden sich die beiden Zuchtformen, der Lederkarpfen und der Spiegelkarpfen, ganz deutlich. Der Lederkarpfen besitzt überhaupt keine Schuppen mehr, der Spiegelkarpfen trägt an den Rückenseiten und den Flanken noch einzelne Reihen sehr großer Schuppen.

Der Kammolch

Der Kammolch ist der größte heimische Molch. Man findet ihn in Teichen und Sümpfen des Flachlandes. Dort hält er sich allerdings nur im Frühjahr und Frühsommer auf. Den Rest des Jahres verbringt er an Land, wo man ihn viel seltener findet. Im Winter verbirgt er sich an frostfreien Stellen im Boden und hält eine Winterruhe.
Zur Fortpflanzungszeit im Wasser bekommt der Kammolch am Schwanz oben und unten breite Hautsäume und am Rücken einen gezackten Hautkamm. Beim Paarungsvorspiel sondern die Männchen einen Duftstoff ab, der die Weibchen anlockt. Die Eier, die von einer feinen gallertartigen Hülle umgeben sind, werden vom Weibchen einzeln an Wasserpflanzenblätter befestigt. Die frisch geschlüpften Larven haben schon die langgestreckte Körperform der Molche. Sie tragen äußere Kiemen, und wenige Tage nach dem Schlüpfen aus dem Ei beginnen sich die Beine auszubilden. Wenn sie heranwachsen, sind sie nur an den Kiemen als Larven zu erkennen. Im Laufe des Sommers werden die Kiemen zurückgebildet, und es entwickeln sich die Lungen. Die kleinen Molche verlassen das Wasser, um wie die Alten den Rest des Jahres an Land zu verbringen.
Zur Nahrung der erwachsenen Molche und auch der Larven gehören allerlei kleine Wassertiere. Vor allem verzehren sie Würmer und Insektenlarven. Im Wasser bewegt sich der Kammolch entweder krabbelnd auf dem Boden fort oder er schwimmt mit schlängelnden Bewegungen seines Schwanzes, wobei die Beine seitlich dem Körper anliegen. Hört er auf zu schwimmen, so sinkt er langsam zum Grund. Auf dem Trockenen kann der Kammolch nur langsam und recht ungeschickt laufen.

Länge: Männchen 12 bis 16 cm
Weibchen 17 cm
Lebenszeit: mehr als 20 Jahre (in Gefangenschaft)

Zwischen März und April kommen die Kammolche aus ihren Winterquartieren und suchen das Wasser auf, um sich fortzupflanzen. Beim Männchen ist zu dieser Zeit die Kloakengegend stark verdickt. Daran kann man es ebensogut erkennen, wie an seinem Kamm und an seiner schönen Farbe. Das Männchen setzt eine Kapsel ab, in der die Samen sind. Das Weibchen nimmt diese Samenkapsel durch seine Kloakenöffnung am Hinterleib auf und befruchtet die Eier vor dem Ablegen im Körper.

Das Männchen unterscheidet sich vom Weibchen durch seinen großen gezackten Kamm. Beide haben einen stark gefleckten Bauch. Im Wasser nimmt der Molch seine Nahrung mit den Augen wahr, an Land leitet ihn vor allem sein Geruchsinn. Er hat kurze Pfoten, die er beim langsamen Schwimmen als Paddel verwendet.

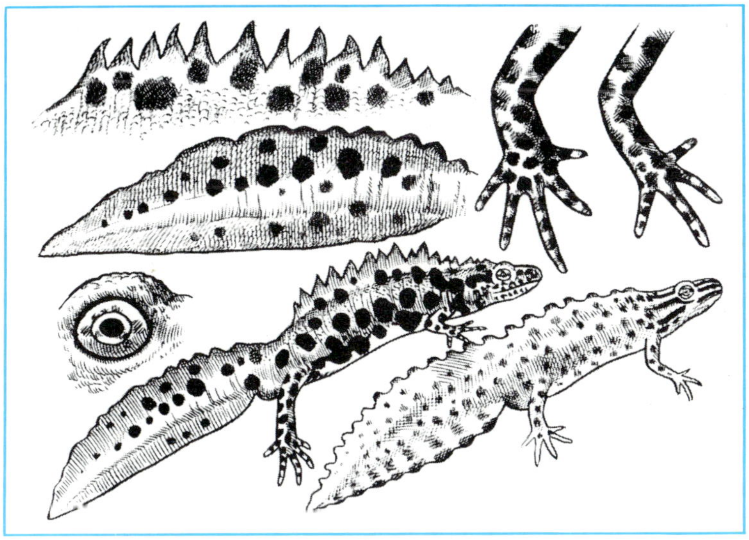

Das Weibchen legt etwa 100 Eier. Nach 13 Tagen schlüpfen die Larven, die etwa 1 cm lang sind, vier Monate später haben sie eine Länge von 6 bis 8 cm erreicht. Im Sommer ist die Verwandlung von der Larve zum Molch beendet. Die Jungen verlassen das Wasser und verstecken sich an feuchten Orten.

Hier wird ein Molch von einer Forelle gejagt. Er versucht, durch schnelles Schwimmen dem Gegner zu entkommen. Auch andere Raubfische jagen den Molch. Einen gewissen Schutz besitzt der Molch in Drüsen seiner Haut, die ein bitteres Sekret absondern.

Der Gelbrandkäfer

Der Gelbrandkäfer ist hervorragend an das Leben im Wasser angepaßt. Sein Körper hat eine glatte flache Form, die dem Wasser wenig Widerstand bietet. Seine Oberfläche ist mit einer wasserabweisenden Substanz versehen, die verhindert, daß er naß wird. Seine Hinterbeine sind durch Borsten verbreitert, so daß sie beim Rudern mehr Wasser verdrängen können. Wenn der Gelbrandkäfer schwimmt, rudern beide Hinterbeine im gleichen Rhythmus etwa fünfmal pro Sekunde. Um zu atmen, muß der Gelbrandkäfer an die Wasseroberfläche. Er berührt nur mit dem Hinterende seines Körpers die Wasseroberfläche, hebt dann die Flügeldecken leicht an und läßt zwischen diesen und dem Körper Luft eintreten. Dann schließen sich die Flügeldecken wieder fest. Mit diesem neuen Luftvorrat kann der Gelbrandkäfer untertauchen und eine Zeitlang damit atmen. In Ruhepausen unter Wasser klammert er sich an Pflanzenteile fest, um durch den Luftvorrat nicht nach oben getrieben zu werden. Die Larven des Käfers müssen ebenfalls zum Atmen an die Oberfläche kommen. Das Männchen des Gelbrandkäfers unterscheidet sich vom Weibchen durch seine glatten Deckflügel. Beim Weibchen sind diese Flügeldecken längs gefurcht. Der Gelbrandkäfer verdankt seinen Namen dem hellen Band, das seinen Brustschild und seine Flügeldecken einrahmt.

Er ist in Süßwasserteichen weit verbreitet. Als räuberisch lebendes Insekt, das sich von anderen kleinen Tieren ernährt, ist er ständig auf Nahrungssuche. Fischbrut, Molche und Froschlarven sowie andere Wasserinsekten gehören zu seiner Nahrung. Wenn ein Teich austrocknet oder der Gelbrandkäfer aus einem anderen Grund seinen Platz wechseln will, fliegt er davon, um an einem anderen Gewässer wieder einzufallen.

Länge: 22 bis 44 mm; Lebenszeit: unbekannt
Larvenlänge: 60 bis 80 mm

Der Gelbrandkäfer greift alle anderen Wassertiere an, die er bewältigen kann. Wasserinsekten und Fischbrut bis zu 3 cm Länge sind der Hauptbestandteil seiner Nahrung neben allen möglichen anderen kleinen Tieren. Die Larve des Wasserkäfers ist mit starken Kiefern ausgerüstet und bereits ein Fleischfresser. Durch ihre Kiefer spritzt die Larve ihren Verdauungssaft in den Körper des Beutetieres und saugt es dann aus.

An den Vorderbeinen der Männchen sitzen je zwei Saugscheiben, mit deren Hilfe sie sich bei der Paarung am glatten Körper des Weibchens festhalten können. Die Fühler haben 11 Glieder. Der Körper ist eiförmig abgeflacht.

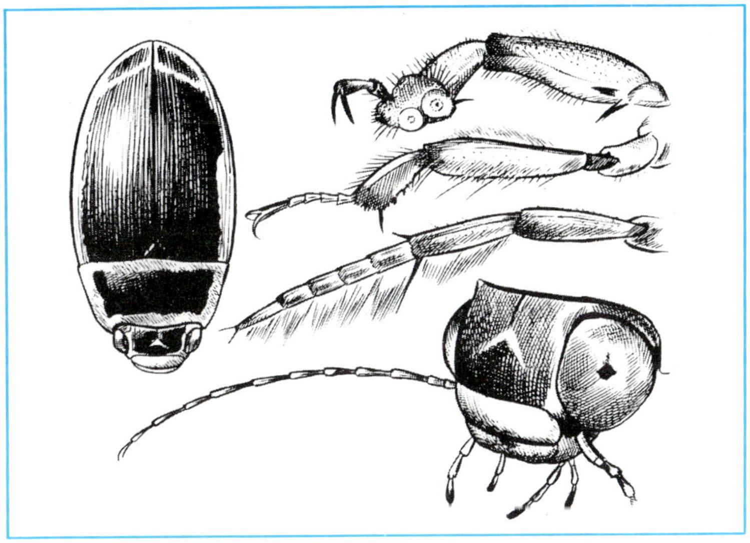

Die Eier werden im März gelegt und zwar in Spalten und Ritzen an den Stielen der Wasserpflanzen. Wenn sich die Larve verpuppen will, geht sie an Land und verpuppt sich hier an einer geschützten Stelle. Meist ist dies eine am Uferrand selbst gegrabene Vertiefung im Erdreich.

Hier hat eine Zwergrohrdommel einen Gelbrandkäfer erbeutet. Vor allem im Frühjahr fliegen die Gelbrandkäfer viel, um neue Gewässer aufzusuchen. Oft landen sie dann auch auf einer nassen Straße, die sie mit der glänzenden Oberfläche eines Teiches verwechselt haben.

Die Forelle

Forellen brauchen klares, kaltes und stark bewegtes Wasser, das sehr sauerstoffreich ist. Sie leben daher vor allem in Bächen und Flüssen nahe der Quellregion. Forellen sind die charakteristischen Fische für den Oberlauf eines Gewässers. Aber manche Arten oder Rassen kommen auch in Seen und sogar im Meer vor. Der Lebensraum hat einen nicht unwesentlichen Einfluß auf die Größe und die Form der Fische: Die kleinsten Forellen sind die der Gebirgsbäche, die kaum größer als 20 cm werden. Forellen ernähren sich vor allem von Insekten und anderen kleinen Fischen. In einer zwanzigstel Sekunde können sie eine Geschwindigkeit von 8 km/h erreichen. Dieser blitzschnelle Start dient einmal zum Erjagen der Beute, zum anderen aber auch, um Feinden zu entkommen: Zwar gibt es in den Oberläufen der Bäche wenig Tiere, die den ausgewachsenen Forellen nachstellen, aber die Jungfische werden vom Eisvogel, von der Wasseramsel, von der Wasserspitzmaus und von der Gebirgsstelze gefressen. Größere Forellen haben neben dem Menschen nur den Fischotter und den Fischadler zum Feind. Doch diese sind so selten geworden, daß sie für den Forellenbestand kaum mehr eine Rolle spielen. Forellenarten, die in größeren Seen oder im Meer leben, werden manchmal auch von großen Raubfischen gejagt.

Ansteigende Wassertemperaturen, die einen Sauerstoffmangel im Wasser bewirken, bedeuten für die Forelle den Tod. Im Frühjahr werden die Eier häufig in Bächen abgelegt, deren Wasserstand von der Jahreszeit abhängt. So kann es passieren, daß die Eier plötzlich trocken liegen und damit die ganze Brut vernichtet ist.

Länge: bis zu 1 m und mehr
Gewicht: 300 g bis 15 kg und mehr
Lebenszeit: 7 Jahre und mehr

Diese Forelle schießt blitzschnell an die Oberfläche, um ein darüber fliegendes Insekt zu fangen. Im Sommer setzt sich ein großer Teil der Nahrung der Forellen aus Insekten zusammen, die sie auf oder kurz über der Wasseroberfläche fangen. Ein weiterer wichtiger Nahrungsbestandteil sind Tiere, die von der Strömung mitgerissen werden, aber auch Larven von Eintagsfliegen, Libellen, Käfer und Wasserwanzen.

Die Forelle hat schillernde Farben, und ihre Haut ist mehr oder weniger stark rot und schwarz gefleckt. Sie unterscheidet sich vom Lachs durch ihre weniger gebogene Schwanzflosse und durch ihre geringere Größe. Bei den älteren Forellen sind die Enden der Kiefer manchmal hakenförmig gebogen.

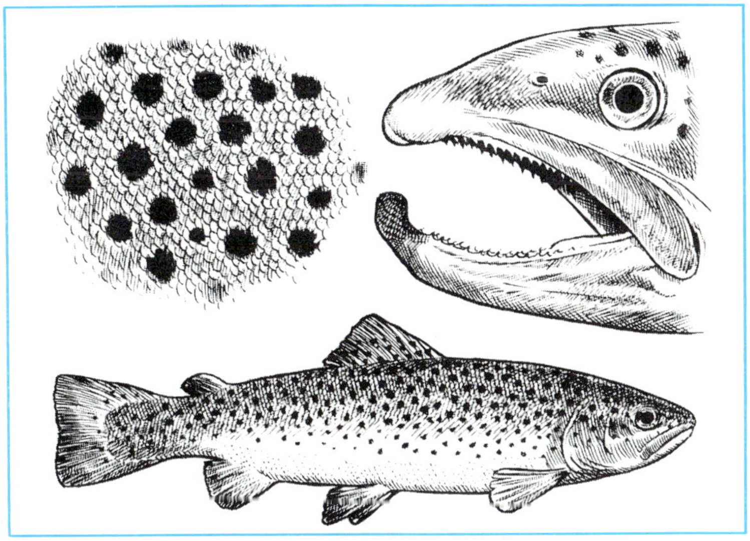

Mitten im Winter, wenn die anderen Fische sich kaum bewegen und kaum fressen, schwimmt die Forelle die Bäche und kleinen Flüsse hinauf, um zu laichen. Zwischen November und Januar legen die Weibchen 100 bis 10 000 Eier in den Kies, je nachdem, ob es sich um Bach- oder Meeresforellen handelt. Bei den frisch geschlüpften Forellenlarven erkennt man noch den Dottersack, von dessen Inhalt sie sich einige Tage ernähren, bevor sie selbst Jagd auf winzige Wassertiere machen.

Die junge Forelle frißt viele Fische, die kleiner sind als sie selbst, am häufigsten Elritzen. Auch Junge der eigenen Art werden erbeutet. Forellen, die im Meer leben, ernähren sich von Stichlingen, jungen Meeresfischen und Krabben.

Der Haubentaucher

Der Haubentaucher ist ein ausgezeichneter Schwimmer, sowohl auf der Wasseroberfläche als auch unter Wasser. Ohne Mühe kann er eine Minute lang unter Wasser verbleiben und dabei 20 m tief tauchen. Seine Beine setzen sehr weit hinten am Körper an, und die Zehen, die Schwimmlappen tragen, treiben wie ein kleiner Motor seinen Körper voran. Sein dichtes, mit Fett getränktes Gefieder schützt den Vogel vor Nässe. Die Federn bleiben stets trocken. Haubentaucher leben auf großen Teichen und Süßwasserseen mit dichten Schilfbeständen. Sie bieten dem Vogel Schutz und Deckung und dort baut er auch sein Nest: Aus allerlei Teilen von Wasserpflanzen gebaut, schwimmt es wie ein Floß an der Oberfläche und hebt oder senkt sich bei steigendem oder sinkendem Wasserstand. Haubentaucher verbringen die meiste Zeit ihres Lebens auf dem Wasser. Vom ersten Tag an können die Jungen schwimmen und tauchen und unter Wasser flüchten, wenn eine Gefahr droht. In den ersten drei Lebenswochen werden sie meist von ihren Eltern auf dem Rücken getragen. Dort sitzen sie frei oder auch zum Teil von den Flügelfedern bedeckt. Wenn bei einem plötzlich auftauchenden Greifvogel die Eltern unter Wasser verschwinden, nehmen sie ihre Jungen im Rückengefieder mit. Sobald die Jungen etwas kräftiger sind, schwimmen sie neben den Eltern her und steigen nur ab und zu zum Ausruhen auf deren Rücken. Im Herbst, bevor das Eis die Gewässer bedeckt, ziehen die Haubentaucher nach Süden in den Mittelmeerraum, um dort den Winter zu verbringen.

Länge: 50 cm
Flügelspannweite: 80 cm
Gewicht: 1 kg
Lebenszeit: 10 Jahre in der Natur

Im Frühjahr, etwa von Mitte März an, kann man die Haubentaucher bei ihren Paarungsspielen beobachten. Die Vögel, bei denen sich Männchen und Weibchen am Federkleid nicht unterscheiden, stehen sich dabei auf dem Wasser schwimmend gegenüber. Sie spreizen ihre Federkrägen, schütteln die Köpfe und tauchen plötzlich wie auf Kommando unter. Mit Wasserpflanzen im Schnabel kommen sie wieder an die Oberfläche, legen Hals und Kopf flach auf die Wasseroberfläche und schwimmen aufeinander zu. Dieses Verhalten bedeutet symbolisch das Vorzeigen von Nistmaterial. Die Vögel haben dabei Gelegenheit, sich gut kennenzulernen und die Scheu voreinander zu verlieren.

Die schwarz-braun-weiße Federhaube ist ein gutes Kennzeichen der Haubentaucher. Daran lassen sie sich von allen anderen Wasservögeln unterscheiden. Jede einzelne Zehe ist mit Schwimmlappen eingesäumt und am Ende mit einer Kralle versehen.

Im Mai legt das Weibchen 3 oder 4 Eier in ein Nest, das aus Halmen und Blättern von Sumpfpflanzen gebaut wird. Es hat ungefähr 50 cm Durchmesser. Die zunächst weißlichen Eier werden mit der Zeit durch die sie umgebenden und vermoderten Pflanzen bräunlich grün.

Der Haubentaucher ist ein eifriger Fischjäger. Er braucht pro Tag etwa 200 g Fisch. Die Barsche, Rotfedern, Rotaugen und Gründlinge, die ihm als Nahrung dienen, sind durchschnittlich 13 cm lang. Werden sie vom Haubentaucher unter Wasser gejagt, so versuchen sie oft durch Springen über die Wasseroberfläche ihrem Feind zu entkommen. Wasserinsekten bilden zusätzliche Nahrung, ebenso kleine Schnecken und Würmer. Der Haubentaucher kann zwar recht gut fliegen, aber beim Starten muß er eine Strecke über das Wasser laufen, um in die Luft zu kommen.

Die Ringelnatter

In der kalten Jahreszeit, etwa von Oktober bis April, hält die Ringelnatter einen Winterschlaf. Erst in der warmen Jahreszeit nimmt sie Nahrung zu sich. Aber auch im Sommer kann die Ringelnatter, wie andere Schlangen auch, längere Zeit ohne Schaden fasten. Sie ernährt sich hauptsächlich von Fröschen und Fischen, die sie verschlingt, ohne sie vorher zu töten. Meist wird die Beute kopfvoran verschluckt, manchmal beginnt die Ringelnatter aber auch von hinten einen Frosch in sich hineinzuschlingen. Die Ringelnatter ist in Europa, Afrika und in Zentralasien bis in die mittlere Mongolei hinein verbreitet. Überall liebt sie feuchte Gebiete: Sumpfränder, Teiche und Flußufer, Wiesen und Gräben. Der Bau eines Nagetieres, eine Bodenspalte, ein Loch zwischen den Wurzeln eines Baumes oder ein Heuhaufen dienen als Versteck, in dem sie die Nacht verbringt. Zu ihren Feinden gehören außer dem Iltis vor allem große Vögel wie Störche, Reiher oder schlangenfressende Greifvögel. Gerät sie in Gefahr, so rollt sie sich zusammen, zischt und beißt auch zu. Der Biß ist für den Menschen ungefährlich, jedoch schmerzt der Zugriff der spitzen Zähne. Als weitere Abwehrmaßnahme kann die Ringelnatter durch die Kloakenöffnung eine gelbliche, stark stinkende Flüssigkeit ausscheiden. Die Färbung dieser Schlange kann sehr unterschiedlich sein.

Normalerweise ist die Körperoberseite dunkelgrau bis grünlich, bei manchen Tieren aber auch bräunlich. Manchmal ist sie ganz schwarz. Die beiden meist halbmondförmigen hellen Flecken am Hinterende des Kopfes sind hellgelb oder weißlich gefärbt. Hinter diesen weißen Abzeichen befinden sich zwei schwarze Flecke. Manchmal fehlen die weißen Abzeichen ganz. Die Ringelnatter geht auch unter Wasser und sucht in den Spalten und Ritzen zwischen Ufermauern und unter Steinen nach Fischen oder Amphibien. Manchmal verzehrt sie auch Eidechsen, kleine Nagetiere und junge Vögel.

Länge: Männchen: 1 m
Weibchen: 1,5 m und mehr
Lebenszeit: 20 Jahre

Die Ringelnatter ist im Wasser ein ebenso guter Jäger wie an Land. Meistens packt sie die Frösche am Kopf. Gelingt ihr das nicht, dann schnappt sie nach den Hinterbeinen des Opfers und verschlingt es langsam. Kleinere Frösche verschwinden sehr schnell in ihrem Maul. Um einen großen zu verschlingen braucht sie manchmal eine Stunde und mehr. Wird sie direkt nach der Mahlzeit von einem Feind bedroht, kann sie die Beute auf der Flucht wieder auswürgen.

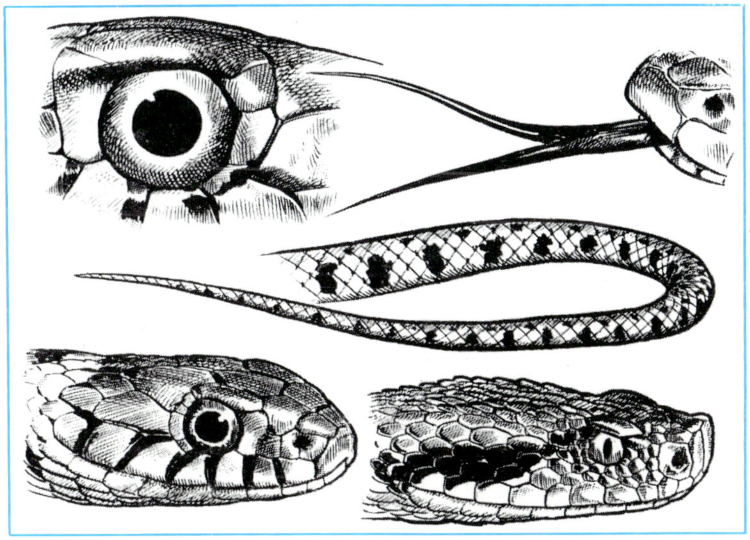

Die Ringelnatter (links) unterscheidet sich von der Viper (rechts) durch die Form der Schnauze und der Pupille. Die Schnauze läuft spitzer zu, und die Pupille ist rund im Gegensatz zu der spaltförmigen Pupille der Viper. Der Schwanz der Ringelnatter verjüngt sich gleichmäßig und ist länger als der Schwanz einer Viper. Beim Züngeln mit der gegabelten Zungenspitze werden Duftstoffe der Beutetiere in das Maul gebracht. Am Gaumen befindet sich ein Geruchsorgan.

5 oder 6 mal im Sommer häutet sich die Ringelnatter. Sie legt 10 bis 30 Eier, die etwa 3 x 2 cm messen. Die Eier werden in einem feuchtwarmen Versteck abgelegt, etwa in einem Grashaufen, in einem Misthaufen oder auch in einem vermorschenden Baumstumpf. Nach 11 bis 12 Wochen schlüpfen die jungen Nattern. Sie sind dann 15 cm lang und vom ersten Moment an selbständig.

Die Ringelnatter bewegt sich im Wasser mit derselben Leichtigkeit wie an Land. In beiden Fällen schlängelt sich der Körper. Im Wasser kann sie sich einige Kilometer vom Ufer entfernen und sich längere Zeit unter Wasser aufhalten. Beim Schwimmen hält sie normalerweise den Kopf über Wasser. Die Ringelnatter ist außerdem ein geschickter Kletterer.

Die Teichmuschel

Obwohl die Teichmuschel keine eigentlichen Beine hat, kann sie sich mit dem verdickten Teil ihres Weichkörpers ruckartig fortbewegen. Dabei hinterläßt sie im Schlamm und im Sand der Gewässer eine schmale Furche. Bei Niedrigwasser kann man diese Furche gut erkennen. Die winzigen Muschellarven können schwimmen, indem sie ihre schmalen Deckel auf und zuklappen. Die Teichmuschel lebt von mikroskopisch kleinen Nahrungsteilchen mit weniger als 0,05 mm Durchmesser, die in ruhigen Gewässern umhertreiben. Sie saugt sie mit Wasser auf, das ihr auch den notwendigen Sauerstoff zuführt. Tag und Nacht ist ihre Schale ein wenig geöffnet, nur bei Gefahr wird sie ganz geschlossen. Diese harte Schale schützt die weichen, empfindlichen Körperteile der Muschel. Sie wächst mit zunehmendem Alter immer mehr. Eine 6 Wochen alte Muschel ist nur 0,7 mm lang. Das Wachstum geschieht in unregelmäßigen Schüben. Im Winter wächst sie kaum, manchmal gar nicht, im Sommer mehr. Die Teichmuschel ist besonders empfindlich auf Berührungsreize. Sowie man mit den Fingern etwa ein Schalenteil berührt, schließt sich die Schale blitzartig. Mit ganz einfachen Lichtsinnesorganen kann sie auch Licht und Schatten wahrnehmen, etwa den Schatten eines großen vorbeischwimmenden Fisches. Im weichen Körper der Muschel findet man ein Herz, Nieren, einen Magen, Nerven und Fortpflanzungsorgane.

Kräftige Muskeln öffnen und schließen die Schale. Das Innere der Schale ist mit einer Perlmuttschicht ausgekleidet, aus der auch die Perlen bestehen, die man ganz selten einmal im Innern einer Muschel finden kann. Muscheln pflanzen sich im Alter von 4 bis 5 Jahren fort.

Länge: 7 bis 20 cm
Lebenszeit: Zweifellos mehrere Jahrzehnte

Der Bitterling, ein kleiner Fisch von etwa 6 cm Länge, legt seine Eier in die Kiemen einer lebenden Teichmuschel. Das Weibchen des Bitterlings sucht sich eine Muschel, deren Schale geöffnet ist und legt dann die Eier mit Hilfe einer langen Legeröhre im Inneren ab. Von den Schalen der Muschel gut geschützt, können sich die Eier dort ungestört entwickeln. Die jungen Fischlarven werden mit dem Atemwasserstrom wieder herausgeblasen.

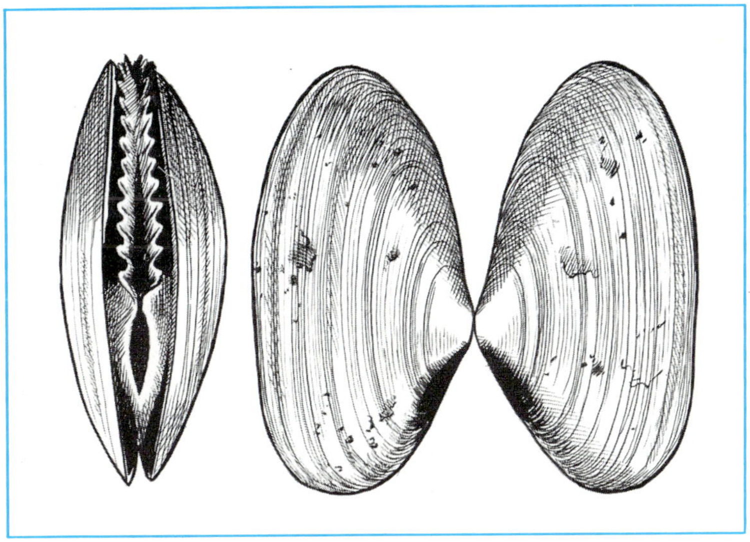

Die Schale der Teichmuschel besteht aus zwei Hälften, die mit einem Gelenk verbunden sind. Die Streifen entsprechen der Anzahl der Perioden, in denen das Wachstum ausgesetzt hat. Aber man kann das Alter des Weichtieres nicht durch Zählen dieser Streifen feststellen. Sie geben nur sehr ungenau darüber Auskunft. Neben den Kiemen sieht man eine spaltförmige Öffnung, die Mund- und Atemöffnung.

Die jungen Bitterlinge schlüpfen nach 2 bis 3 Wochen. Die Larven der Teichmuschel heften sich zunächst an die Kiemen von vorbeischwimmenden Fischen. Mit winzigen Häkchen am Schalenrand klammern sie sich an. Erst nach 2 bis 10 Wochen lassen sie sich fallen und leben dann auf dem schlammigen oder sandigen Boden des Wassers.

Zu den Feinden der größeren Muscheln gehört auch die Bisamratte oder wie auf unserem Bild, der Fischotter. Bisamratten sind zwar Pflanzenfresser, aber sie nehmen auch gerne Muscheln als Nahrung. Wo Bisamratten häufig Muscheln aufknacken und fressen, findet man eine große Ansammlung von zerstörten Muschelschalen. Der Fischotter frißt das Innere der Muschel, nachdem er die Schale aufgebissen hat.

Die Bisamratte

Die Bisamratte stammt ursprünglich aus Nordamerika. In Europa wurde sie um 1905 als Pelzlieferant eingeführt. Aus Zuchtfarmen entkommene Tiere haben sich rasch verbreitet und vermehrt. Zwischen April und September wirft die Bisamratte zwei- bis dreimal 6 bis 8 Junge. In Europa hat sie kaum mehr natürliche Feinde, nur der Fuchs stellt ihr manchmal nach. Andere große Räuber sind sehr selten geworden. So vermehren sich die Bisamratten immer weiter, obwohl der Mensch mit allen Mitteln versucht, dies zu verhindern. Bisamratten fügen, wenn sie ihre Baue graben, Deichen und Dämmen beträchtliche Schäden zu. Die Bisamratte verströmt einen moschusartigen Geruch. Vor allem zur Fortpflanzungszeit riechen die Männchen sehr stark. Sie sondern dann aus bestimmten Drüsen ein Sekret ab. Die Bisamratte ist das ganze Jahr über munter, meist in der Dämmerung oder bei Nacht. Sie entfernt sich nur ungern weiter vom Wasser. In die Uferböschungen gräbt sie ihre Baue, deren Eingänge immer unter Wasser liegen. In Gewässern, die sehr flache Ufer haben, errichtet sie, ähnlich wie der Biber, eine kleine Burg aus Pflanzenteilen. Im Innern des Baues befindet sich eine Wohnkammer. Hier werden auch die Jungen geboren. Die Bisamratte ist ein Pflanzenfresser und ernährt sich von allerlei Gräsern und Wasserpflanzen. Im Gegensatz zum Biber legt sie keine Vorräte für den Winter an.

Sie schwimmt ausgezeichnet und taucht vor allem bei Gefahr sehr schnell unter.

Länge: 35 cm und 20 cm Schwanz
Gewicht: 1,2 kg im Durchschnitt
Trächtigkeit: 4 Wochen
Lebenszeit: 19 Jahre

Beim Bauen ihrer Burg benützt die Bisamratte ausschließlich Sumpfpflanzen. Die Burg ragt 50 bis 100 cm über die Wasseroberfläche hinaus und hat einen Durchmesser von 2 bis 3 m. Die Kammer im Innern hat zwei oder drei Ausgänge, die alle unter Wasser münden.

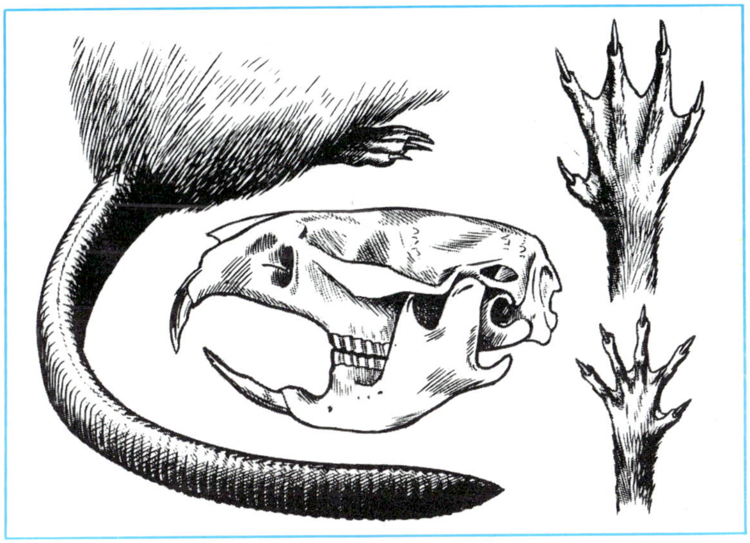

Mit den Vorderpfoten kann die Bisamratte graben und ihre Nahrung festhalten. Mit den Hinterpfoten schwimmt sie. Der Schwanz ist seitlich abgeplattet, die großen Schneidezähne wachsen ständig nach.

Die 6 bis 8 Jungen werden nach 4 Wochen Tragezeit geboren. Sie sind dann blind und nackt und erst am 10. Tag öffnen sich die Augen. Nach etwa 3 Wochen können sie zum ersten Mal den Bau verlassen.

Die Bisamratte ist ein hervorragender Schwimmer und Taucher. Sie kann 12 Minuten unter Wasser bleiben, ohne Luft zu holen. In der Regel taucht sie aber sehr viel früher wieder auf. Sie schwimmt meist mit den Hinterpfoten allein und hält die Vorderpfoten an den Körper angelegt. Der Schwanz dient als Steuer. Die Nasen- und Ohröffnungen können beim Tauchen geschlossen werden.

Flüsse und Seen

Fließende und stehende Gewässer

Süßwasserführende Gewässer bedecken nur eine sehr kleine Fläche der Erde. Man schätzt sie auf 2%, während 71% der Erdoberfläche von Ozeanen und Meeren gebildet werden. Süße Gewässer enthalten sehr wenig Minerale. Die Süßwasserbereiche werden in sich noch einmal unterschieden: Die einen sind die stehenden Gewässer, so genannt, weil sie von sich aus unbeweglich sind. Nur der Wind sorgt für Bewegung oder die in unterschiedlichen Tiefen vorkommenden jahreszeitlich bedingten Strömungen. Zu diesen Gewässern zählt man Sümpfe, Teiche, Lagunen und Seen. Die anderen sind die fließenden Gewässer, so genannt, weil sie abwärts fließen. Die größten unter ihnen münden ins Meer. Zu den fließenden Gewässern gehören: Gebirgsbäche, Bäche, Flüsse und Ströme. Von der Quelle bis zur Mündung oder bis zum Zusammenfluß mit einem anderen Gewässer durchqueren sie verschiedene Landschaften. Ob stehend oder fließend: Die süßen Gewässer bilden einen bestimmten Lebensraum; die Bewohner dieses Lebensraumes haben sich ihm mehr oder weniger angepaßt, je nachdem, ob sie dort ständig leben oder sich nur häufig an den Ufern aufhalten. Die in diesen Bereichen lebenden Tiere lassen sich je nach Häufigkeit des Ortswechsels, nach Dauer ihres Aufenthaltes und nach der Tiefe, in der sie sich fortpflanzen, in mehrere Kategorien einteilen.

Ein reichhaltiger Lebensraum

Im Ganzen hat man in Mitteleuropa 6 000 Wassertierarten gezählt, davon leben 1 000 in Bächen und 3 200 in Flüssen. Bestimmte Tiere leben ständig auf dem Grund, andere bilden ein Plankton, das der Strömung nicht widerstehen kann. Die Schwimmtiere bewegen sich in der Tiefe oder an der Oberfläche (wie zum Beispiel fast alle Enten). Einige Arten schließlich halten sich nur am Ufer zwischen den Wasserpflanzen auf und gehen nie ins Wasser (etwa die Rohrammer). Die Tierwelt des Süßwassers ist außerordentlich reichhaltig. Sie setzt sich zusammen aus Säugetieren, Vögeln, Fischen, Reptilien, Amphibien und fast allen Arten der wirbellosen Tiere, von den Insekten bis zu den Einzellern, Spinnen und Weichtiere nicht zu vergessen.

Eine gut angepaßte Pflanzen- und Tierwelt

Mehrere Faktoren beeinflussen die Pflanzen- und Tierwelt: Breite und Tiefe des Flußbettes, die Bodenbeschaffenheit, Stromschnellen und Wasserfälle. Große Pflanzen wachsen meist in näherer Umgebung der Ufer. In den Bächen, die mit einer Geschwindigkeit von bis zu 3 m/sek. fließen können, kann sich das Plankton nicht festsetzen, kleine Pflanzen können jedoch auf dem Grund haften bleiben. Einige Tiere, die beständig in diesen bewegten Gewässern leben, haben Haftorgane, um der Strömung standhalten zu können; andere wiederum entkommen der Strömung, indem sie sich unter Steinen verkriechen.

In stehenden Gewässern nehmen die Pflanzen einen weiten Raum ein, besonders in Teichen, wo sie konzentrische Kreise bilden. An den Ufern wachsen Schachtelhalme, Minze und Hahnenfuß-Pflanzen, die einen feuchten Boden brauchen. Im seichten Wasser am Rand wachsen Schilf, Sumpfpflanzen und Riedgras, und schließlich zur Mitte des Gewässers hin findet man treibende Pflanzen wie Seerosen und Wasserlinsen. Die Wassertiefe macht es den Pflanzen unmöglich, in der Mitte der Seen zu leben; außerdem verhindert der Wind oft, daß sich Pflanzen an den Ufern ansiedeln, weil dort Wellen hochschlagen. Die Klarheit des Wassers, sein Gehalt an Sauerstoff, Mineralsalzen und organischen Stoffen beeinflussen Tier- und Pflanzenwelt. Einige Fische können nicht in trüben Gewässern leben. Seen mit klarem Wasser haben eine recht arme Tierwelt; Seen mit weniger klarem Wasser beherbergen eine sehr reiche Tierwelt; in Torfmooren schließlich macht die Säurehaltigkeit des Wassers Pflanzen- und Tierleben praktisch unmöglich.

Wasserinseln

Entgegen dem äußeren Eindruck beherbergen sumpfige Gewässer ein jahreszeitlich bedingtes reges Leben, sowohl in der Tiefe als auch an der Oberfläche. In der Tiefe herrscht hier das ganze Jahr über eine Temperatur von 4°. Das Oberflächenwasser erwärmt sich im Sommer, im Winter jedoch nähert sich seine Temperatur der Temperatur in der Tiefe an. Einige Wasserflächen tragen in harten Wintern eine Eisschicht. Diese schnelle Veränderung hat manchmal schwere Folgen für einen Teil der Tierwelt. Viele Wasservögel etwa können sich nicht mehr mit Nahrung versorgen und müssen zu offenen Gewässern abwandern.

Teiche und Seen bilden ein Ganzes, das man mit Inseln, die von einem „Erdmeer" umgeben sind, bezeichnet hat. Sie unterscheiden sich ganz wesentlich von Bächen, Flüssen und Gebirgsbächen, und zwar durch den zumindest scheinbar gleichbleibenden Wassergehalt, der in Wasserläufen niemals gleich ist.